地域再生システム論

「現場からの政策決定」時代へ

西村清彦 [監修]
御園慎一郎・大前孝太郎・服部敦 [編]

Theory of Regional Revitalization: Toward a New Era of Japanese
Policy Making System Leading by Local Initiative

Kiyohiko Nishimura, Supervising Editor
Edited by Shinichiro Misono, Kotaro Omae, and Atsushi Hattori

University of Tokyo Press, 2007
ISBN 978-4-13-032210-2

● 目次

序章　地域・現場からの政策決定へ
1　国主導の地域開発と陳情行政の定着 ——————————————— 3
2　受身に回る地方自治体 ————————————————————— 4
3　「現行制度」という呪縛からの開放 ——————————————— 7
4　さらなる知恵の結集のために —————————————————— 9

I　構造改革特区制度と地域の自立・活性化

1章　構造改革特区制度——全員参加型の政策立案システムへ

1　特区誕生への胎動——2002年 ————————————————— 15
　1.1　四日市の石油コンビナート特区の挑戦　15
　1.2　構造改革特区の仕組みと両義性　16
　1.3　パイロット自治体制度の限界　18
　1.4　特区的な先行制度　19
　1.5　プロジェクト型規制改革の機運の高まり　20
　1.6　従来型の地域振興立法からの脱却　23
2　特区構想をめぐる2つの議論 —————————————————— 24
　2.1　総合規制改革会議における議論　24
　2.2　経済財政諮問会議における議論　27
3　政策決定過程のオープン化と内閣への調整機能の一元化 ————— 28

- 3.1 提案募集制度の意義　28
- 3.2 インターネットによるプロセス公開　29
- 3.3 省庁横断的な調整組織の確立　30
- 3.4 政治的決着プロセスの本格導入　32
- 4 構造改革特別区域法の立法構造 ──────── 33
  - 4.1 法律の基本構成　33
  - 4.2 規制特例の構造　34
- 5 構造改革特区の政策モデルと課題 ──────── 35
  - 5.1 全員参加型政策立案モデル　35
  - 5.2 合理的判断ゲームモデル（公開ディベートモデル）　37
  - 5.3 地方自治体関与型制度改革モデル　39
  - 5.4 制度の延長と改善策　41

2章　特区と教育・農業改革——創意工夫のインパクト

- 1 教育行政に対する改革機運の高まり ──────── 44
- 2 特区と教育制度をめぐる論点 ──────── 45
  - 2.1 地域からの提案　45
  - 2.2 法制度上の論点　46
- 3 特区における教育改革論議の意義 ──────── 49
- 4 農業改革とリース特区 ──────── 52
  - 4.1 農林水産省の対応　52
  - 4.2 リース特区制度の創設　57
  - 4.3 リース特区の認定と地域の自主性　58
- 5 株式会社の農業参入をめぐる議論 ──────── 59
  - 5.1 食料・農業・農村基本法と基本計画　59
  - 5.2 2000年の農地法改正　61
  - 5.3 リース特区の評価と全国展開　62
  - 5.4 農業参入の現状と効果　64
- 6 農業の体質強化のために ──────── 65
  - ■教育分野・農業分野の特区例　66

3章　特区制度の将来像——地方分権の深化とともに

- 1 現状と課題 ──────── 71

1.1 地域や民間からの見直し要望 72
   1.2 提案制度の課題と見直しの方向性 74
   1.3 評価制度の課題と見直しの方向性 76
  2 特区制度と地方分権改革 ──────────────── 78
   2.1 東京市政調査会からの提言 78
   2.2 第二次地方分権改革との連携 81
   2.3 アジアとの交流促進 83
  3 地域活性化ツールとしての期待 ─────────────── 84

〈コラム：グローバル化・少子高齢化と地域〉 86

Ⅱ 地域再生制度とファイナンス・人材

4章 地域再生制度 ── 新しいガバナンスの形へ

  1 地域再生の経緯と意義 ──────────────── 97
   1.1 地域活性化策の系譜 97
   1.2 「地域再生」とは何か 98
   1.3 特区の限界と地域再生 99
   1.4 初期に直面した困難 ── 特区モデルの不適応 100
   1.5 地域再生ミッションの再構築 102
  2 三位一体改革期の政府間調整 ──────────────── 103
   2.1 まちづくり交付金の衝撃 103
   2.2 補助金改革と交付金をめぐる政府内の利害対立 104
   2.3 補助金改革を求める地域の声 106
   2.4 地域再生基盤強化交付金の成立 107
  3 地域再生の政策モデルと可能性 ──────────────── 109
   3.1 政策提案の抽象化と状況との調整 109
   3.2 地域再生基盤強化交付金の実績と改良点 111
  4 地域格差論と地域再生制度 ──────────────── 112

5章 地域再生法と地域再生税制
   ── 「志ある投資・事業」を支える仕組み

  1 立法化へ向けた検討と課題 ──────────────── 117
   1.1 制度スキームの設計 119
   1.2 財政支援措置のあり方 120

2　地域再生法の立法構造 ──────────────────────── 122
    2.1　目的・基本理念　123
    2.2　制度スキーム　124
    2.3　認定の法的効果　125
    2.4　地域再生本部の設置とその事務　127
  3　地域再生税制の成立と拡大 ─────────────────── 127
    3.1　創設の狙いと経緯　128
    3.2　制度適用の認定要件　129
    3.3　優遇措置の内容と効果　132
    3.4　政策的な有意性　132
    3.5　第三セクターの新たな有効活用へ　134
  4　再チャレンジ支援寄附金税制の創設 ────────────── 135
    4.1　税制の目的と仕組み　136
    4.2　制度適用の認定要件　137
    ■地域再生税制の活用事例　139

6章　官民連携と地域密着型金融 ── 持続可能な政策展開への序奏

  1　担い手の多様化と金融機関の公共的役割 ─────────── 142
    1.1　世界的潮流としての官民連携　142
    1.2　資金制約という壁　145
    1.3　地域密着型金融の積極的展開　148
  2　多様な資金調達スキームの登場 ──────────────── 150
  3　オンリーワン戦略の実現 ────────────────── 152
    ■官民連携・地域密着型金融を活用した地域再生計画の事例　154

7章　人材拠点としての大学 ── 地域の活力源を目指して

  1　地域の活性化と大学の役割 ───────────────── 160
  2　地域─大学─学生の「WIN─WIN─WIN」関係 ──────── 162
  3　「知の拠点」だからこそ可能な地域貢献 ────────── 165
    3.1　アンケート調査にみる大学への期待　165
    3.2　高崎経済大学の取り組み　168
    3.3　組織的・継続的・総合的な活動へ　169

〈コラム：地域再生システム論の展開〉　172

終章 「社会的投資」の深化と拡大に向けて

 1 豊かさという名の貧困——社会性のある事業・投資の不足 —— 177

 2 優秀な官僚システムはなぜ行き詰まったか
   ——過去の成功と現在の桎梏 ———————————————— 179

 3 「地方分権」を超えて
   ——社会的な事業・投資の新しい「担い手」を育てる ———— 182

あとがき 189

資料：構造改革特別区域法・地域再生法 191

索　引 211

執筆者紹介 213

●執筆分担一覧

本書の各章は以下のように分担して執筆された．

序章 —— 御園慎一郎
   第Ⅰ部
1章 —— 服部敦
2章 —— 大前孝太郎・梶島達也・佐藤速水・杉山一弘
3章 —— 井上勉・服部
コラム —— 松田宏人
   第Ⅱ部
4章 —— 森源二・服部
5章 —— 梅野雄一朗・小林健典・大前
6章 —— 松田・大前
7章 —— 舘逸志・大宮登・大前・森
コラム —— 舘
終章 —— 西村清彦

序章 地域・現場からの政策決定へ

 自分のことは自分でやる，安易に他人には頼らない．これは誰にも当てはまることで否定する人はいないだろう．この言葉は，個々人の人格形成のためだけにあるのではない．このことを地域に当てはめて考えると，地域の課題について地域の英知を集めて考え抜き（自考），自らの力で地域の課題に取り組み（自立），そしてその結果について地域は自ら責任をとる（自主）ということになろう．むろん，人間でも地域でも，その能力が十分に備わっていない成長過程ではさまざまな形で支援や指導を受けることは言うまでもない．しかし，わが国の地域社会について考えると，今や自主・自立・自考によって，自らの地域経営のための政策決定を，自らの責任で行う時代に入っている．
 そんなことは今さら言うまでもないではないか，という声が聞こえそうだ．「地方の時代」と言われてからかなりの時間が経過した．そして，その過程で2000（平成12）年の地方分権一括法をはじめとして，この国の制度を中央集権から地方分権へ変革するための多くの改革がなされてきた．また，「平成の大合併」といわれる市町村合併も進み，市町村という基礎自治体の行政執行能力も高まってきている．したがって，分権によって権

限を強め，合併によって力を高めた地域が自ら政策決定するというのは当たり前なのではないかと反論されそうだ．しかし，明治維新以降形作られてきたわが国の中央集権的な統治機構やそれに伴う政策決定メカニズムを変更することは一朝一夕になしうるものではない．これを断行し，真の地方分権社会を構築していくためには，地域の人たちが自らのことは自ら決めて行動し，その結果について責任を持つという志をしっかりと持たなければならない．その上で，地域の力を結集して地域の課題を一つ一つ解決していくという姿勢が要求されるのである．

　この至極当たり前のように聞こえることを実行することが，実はわが国の社会においては大変難しかった．なぜなら，施策の企画立案は国＝中央省庁で行い，地方はこれを決められた通りに実行するだけというのが従来の方式であったからだ．この方式を変革し，地域の問題はその地域のことを一番熟知しているその地域の人間が対処し，そして解決する仕組みにしていくことが求められている．

　このことを実現するためにはさまざまな努力と仕掛けが必要だ．2002年から構造改革特区制度が，03年からは地域再生制度が動き始めた．これらの制度は，今述べた従来の政策決定メカニズムを変えるための重要な舞台装置の一つである．なぜならば，構造改革特区制度および地域再生制度の特徴である「政策提案制度」などの行政システム上の仕掛けが，地域主体の政策展開を可能にしたからである．そしてこの仕掛けは20世紀の日本の行政体制の中では決して取り上げられ得ないものだった．それが，21世紀という新しい時代の流れの中でようやく日の目を見たと言ってよいだろう．

　本書は，構造改革特区制度・地域再生制度の導入にかかわった国の制度担当者が中心となって私見を交えつつ執筆したものである．われわれは，これまでの施策展開の前提となっていた中央集権的な地域の政策形成のあり方を根本から変えたいと願い，両制度の成立を通じて従来の行政の仕組みを実際に変えてきたと信じている．本書の中で，両制度構築の底辺に流れる考え方とこれからわが国が進むべき方向を示すことができればと思っ

ている．

　ではなぜ今，地域が政策決定する時代だと言えるのかを，「地域再生」という観点からもう少し論じてみたい．そのために，まずこれまでのわが国の地方自治体における政策形成の過程を振り返り，その上で，地域再生という仕掛けを使って何をするべきかを述べてみよう．

1　国主導の地域開発と陳情行政の定着

　戦後の日本の復興は，ほぼすべての行政分野において国が政策を決定し，地方自治体がその施策を国の書いたシナリオ通りに実施する，という構造の中で進められてきた．

　地方自治体の政策形成とそのための方策という観点から，戦後のわが国における地域開発政策の歴史を振り返ってみると，現在の地方自治体が必ずしも十分な政策形成能力を有するに至っていない原因の一端が見えてくる．

　まず，第1次全国総合開発計画（全総）制定当時の状況を見てみよう．この計画は，1962（昭和37）年10月に閣議決定されたが，地域格差の是正を目標として掲げ，拠点性の高いところを指定し開発を進めていくという「拠点開発方式」による国土形成を目指していた．この時代の日本社会には，所得倍増計画とそれによる高度成長へという流れがあった．具体的な開発計画は，新産業都市建設促進法（62年）に基づいて大規模工業開発拠点となる新産業都市を指定し，ここに公共事業を集中的に投入し，あわせて地元自治体にも財政援助を行って産業基盤の整備を図るというものであった．財政基盤が脆弱であった地方自治体はこの施策に飛びつき，地元地域の振興と活性化を夢見て「史上最大の陳情合戦」と言われる陳情を繰り広げた．その結果，63年7月に13の新産業都市が指定されたが，さらに工業整備特別地域整備促進法（62年）が制定され，6つの工業整備特別地域が指定された．

　当時のわが国社会は戦災復興から立ち上がり，ようやく経済成長の軌道

に乗った段階であり，地方自治体の体力も極めて脆弱であった．さらに言えば，そもそも産業政策は国家として取り組むべき問題であるから，このような取り組みは当然だと考える向きもあるかもしれない．とはいえ，地域のあり方はその地域で決めるという方式を取ることなく，地方自治体の職員らが東京へ大挙して押しかけ，そこにいる政治家および官僚機構にひたすら陳情するという形の原風景がここにあったと言えるだろう．

　全総は1969年に新全国総合開発計画（新全総）へと引き継がれた．新全総は産業開発などの大規模プロジェクトの推進と交通ネットワークの整備によって国土利用の偏在を是正し，過疎問題や地域格差を解消することを目的とし，苫小牧東部地区，むつ小川原地区，志布志地区などで大規模工業開発を行うことが計画された．さらに，77年には定住圏構想を標榜した第3次全国総合開発計画が，87年には多極分散型国土の形成をうたった第4次全国総合開発計画が制定されてきた．この流れの中で地域開発，地域振興策は国がプランニングし，地方はそれを受け入れて，交通・産業をはじめとした地域のインフラ整備を図るという役割分担が定着していった．国の新規施策を，他の地方に先んじていち早く獲得するために，国とのパイプを太くすること，そのパイプを使って陳情活動を繰り広げることが，地方にとって重要な政治上の，そして行政上の活動となっていったのである．

2　受身に回る地方自治体

　このような全国総合開発施策が展開される一方で，首都圏整備法（1956年），近畿圏整備法（63年），中部圏整備法（66年）や北海道開発法（50年）をはじめとしたブロック開発法が制定された．また，産業振興や地域振興のための個別の地域法が，昭和30年代以降次々と制定されてきた．これらの立法によって作り出された制度は総じて，国（法律を制定した所管省庁）が地域を指定し，その地域にある地方自治体が，国の決めた方針に基づいて計画を作成し，国に申請を行い，国が計画を承認するというシ

ステムをとっている．計画が承認されると，補助金が交付される，あるいは通常の率で交付される補助金よりも補助率が嵩上げされる，税制の優遇措置が適用される，借金である地方債を発行するときに優遇される——などといった税財政上，あるいは金融上の優遇措置が与えられることになっていた．地方自治体はこの優遇措置を使って，地域の振興を図るための施策を展開してきた．

　確かにそれぞれの制度の運用によって国土の整備と地域の振興が進んだケースもあるだろう．個々の立法の政策評価をここで行うつもりはないが，少なくとも言えることは，地方自治体がブロック法制や個別の地域振興法制の適用を受けている状況下では，地域の政策形成力は育たなかったということである．なぜならば，地域振興の計画案は東京にいる官僚たちによって描かれたプランそのものだからである．地方自治体の有能な官僚は，次々と示される国のメニューのなかから，地元のニーズにぴったり合っているとは言えなくともそれなりに自らの地域の振興に役立ちそうな振興策を選別することに英知を絞った．そして，その施策を獲得するために，陳情という手法で地域住民を巻き込み，陳情合戦に勝利し，計画に基づく事業を展開することで地域の発展を図っていた，というのがその構図だ．そこに，真に地域のニーズに基づいた政策形成がなされる余地はなかったと言わざるを得ない．地域の人々は，自分たちの地域をどのようにするかという確固たる信念を持てないまま，他人（＝中央官庁の官僚）の描いてくれた夢を追い求めていたのである．

　似たような現象は，補助金行政でも生じていた．各省庁が，自らの政策を確実に地方自治体に執行させて政策目的を実現する手法として，補助金がさまざまな形で活用されてきた．通常，補助金と呼ばれているものは，講学上はいくつかに分類されるが，政策目的実現のために用いられる補助金は「奨励的補助金」と呼ばれている．国の各省庁は新しい施策展開を図るたびに予算上でこの補助金を計上し，「箸の上げ下げまで口を出す」と言われるほどの，極めて細かい補助基準を定めてきた．そして，その補助基準に厳格に従った地方自治体だけに補助金の交付申請を認め，申請を受

け付けた上で，補助金を交付するかしないかはまた別途判断するというシステムで，長い間地方の行政運営に関与してきた．

この補助基準は全国すべての自治体に一律にかつ極めて厳格に適用されたのだが，その結果，地方の実情に合わせて合理的で効率的な行政運営を行うという観点はなおざりにされてきてしまった．むろん，地方自治体が，補助要綱通りでない事業を行うことも不可能ではない．補助金を使わず，自らの税金などで行う事業のことを地方単独事業と言うが，この場合は当然のことながら補助要綱などの規制に縛られることはないのである．しかし，多くの地方自治体の財政は豊かではないのが実情であった．そのため，事業を実施しようとする担当セクションが，不合理な補助基準に従って事業を実施するより，地方の実情にあった事業を地方単独事業で実施したいと考えて予算要求を行っても，これを財政セクションはなかなか認めないという状況が長い間続いていた．逆に，補助金がつくことが決まると，補助金管轄省庁との関係を最優先に考えて，その施策が自分たちの地域に本当に必要かという議論が十分になされないままに予算計上するというようなことが，数多く行われてきたと言えるだろう．

これまで述べてきたように，国が細かく地域の問題に関与してきた結果，地方自治体は，国が地域振興という形で知恵を出してくれるのを待って，国から対象団体として選ばれるように陳情し，その結果を待つという受身の姿勢になってしまった．補助金についても同様で，自らの課題解決のために計画的に事業展開をするというスタンスをとらず，補助金の採択申請をし，補助金の交付決定を待って事業を実施するという態度になってしまったのである．

むろん国の各種施策を取り入れる中で，わが国の各地域はそれぞれに発展・振興してきたことも事実である．しかし，このような受身の姿勢が長く続いた結果として，地方自治体は地域の課題を自ら発見しその解決策を積極的に探るという能力を伸ばすことを怠り（知恵を使わない），地域の実情に必ずしも合っていない施策であっても相手省庁との関係などを考慮して受け入れてしまい（不合理の受忍），国の採択があって初めて事業に

着手する(国の採択待ち),という消極的な姿勢になってきたのではないだろうか.

3 「現行制度」という呪縛からの開放

　国が制度を企画立案し,その実現のために補助金などの奨励策を使い,実際の事業は地方自治体に執行させるという戦後型の政策システムも,20世紀の終わりごろから転換を迫られていた.その背景には,すでに述べた地方分権社会への転換という流れや,バブル崩壊に伴う国・地方を通じた財政状況の悪化,さらには民営化促進のための規制緩和の要請など,戦後60年を経た現行行政体制の変革への大きなうねりがあった.

　このような時代背景の中で,構造改革特区制度が2002年から動きはじめた.その翌年には地域再生制度も機能をはじめている.構造改革特区制度は,規制改革実現のための突破口という目的と,地域活性化という目的を併せ持つ制度である.特区を実現した市長が,「特区制度は宝の山だ」と言ったように,地方自治体の政策実現の可能性を飛躍的に高め,結果として地域活性化に大いに寄与している.

　なぜそのようなことが可能になったかと言えば,構造改革特区と地域再生制度が「地域からの提案による政策形成」という,従来なかった斬新なシステムを持っているからである.すでに繰り返し述べたように,従来は各種規制や補助金などの制定権限は国にあり,地方自治体や地域住民は一方的にこれに従ったり,恩恵を受けたりする客体に過ぎなかった.仮に制度変更を望む場合には,陳情という形でお願いをする道があるだけで,その陳情の扱いはそれを受けた官庁の自由な判断に任される,という構造になっていた.つまり,地方自治体からみると,国の定めた「現行制度」は所与のものであり,自らの政策決定は「現行制度」を前提に行わざるをえなかった.

　しかし,時代の流れと行政を取り巻く環境変化の中で,地方自治体や地方行政にかかわる住民の中には,既存の制度が地域の実情に必ずしもマッ

チしなくなっている現状を憂い，より合理的な行政執行のため，あるいはより効率的な事業展開を行うため，制度変更に関する意見を持つようになっていたのである．

　構造改革特区と地域再生制度における「地域からの提案による政策形成」システムは，従来の国中心の政策形成システムを根底から変換させるきっかけとなった．両制度の最大のポイントは，「地域からの提案」を，内閣の中に設置された組織が受け付けることにした点である．この組織は政府の一機関であるにもかかわらず，その対応にあたって，制度を所管する省庁の立場ではなく，提案者の立場に立って，すなわち，「現行制度」を守るためでなく地域からの提案を「実現するためにはどうしたらよいか」という立場で担当省庁と調整し，また，従来の「お役所仕事」の感覚から言うと，極めて短い期間内に結論を導き出すようにした．さらに，その議論の過程をインターネット上で公開し，経緯を誰もが知ることができる仕組み（透明性の確保）も提供している．しかも，この「提案」を行いうるのが地方自治体だけでなく，国民なら誰でもよいというのがミソである．

　この新しい「地域・現場からの政策決定システム」は，これまでの霞ヶ関・中央官庁の行動様式にコペルニクス的転換を迫るものと評してよい．従来は所与のものとしなければならなかった「現行制度」という呪縛から，地方自治体と地域住民を解き放ち，国の制度設計に国民自身が関与できる道を開いたものである．これによって，地域に関する仕組みは，その地域に住んでいる人の生活感覚にあわせて制度設計がなされることが可能になった．

　特区・地域再生制度における現場からの提案制度を通じて，時代に合わなくなった規制の緩和が図られたり，縦割りの官庁組織の中で合理的な運用がなされていなかった補助金が統合されて交付金に形を変えたり，細かい補助基準が定められていた補助金を，地域の状況に応じて弾力的に執行できるように制度改正されるなど，いくつもの成果を挙げている．地域の知恵が国の政策に反映され，地域がその政策を活用することによって，活

性化し始めている．

4　さらなる知恵の結集のために

　地域再生制度では，国はあくまで地域からの提案などに対応して地域の支援策を制度化し，準備するだけである．地域はこの支援策を含んだ地域再生計画を策定し，国の承認を得た上で，地域の活性化事業を進めていくことになる．

　ここで大切なのは，どんな計画（内容）をどのような過程（プロセス）を経て作るかである．まずはなるべく多くの知恵が結集できる仕組みを作り，その中で，自らの地域をどのようにしていくのかという目的とその目的を達成するための手段を探る作業が不可欠である．

　地域のあるべき姿を語るとき，地域資源を使った地域振興策をイメージするのは極めて有効な方法であろう．仮に地域資源といえるものがないという地域があるなら，まず本当にないのかどうか，という検討から入るのもよい．そこに住む人にとって当たり前すぎて資源として認識されていないものでも，着想次第で使い勝手があったりする場合も，よくあることである．

　目的を関係者で共有することができたら，次はその目的達成のための問題の所在を探求し，その解決策を検討するという作業が待っている．

　このような手順を踏むことによって，地域をどのようにするのかという目標とそれを達成するための方法，手段が次第に明確になっていく．まさに地域の知恵が結集される過程と言えよう．地域の計画を地域のみんなで知恵を絞って作り上げていく過程で，地域住民の気持ちも同じ方向に統一されていくことこそ，地域を再生するためには欠かせないことであり，地域再生計画を作る重要な意義の一つである．

　地域再生は，地域の課題を発見し，分析し，その解決策を作って実行するという行為を繰り返していくことだ．国の制度改正が必要であれば，地域からの提案に対応する仕組みが用意されている．大切なのは地域の知恵

を結集し，みんなで考えたことを地域の責任で実行するということである．すでに多くの自治体が地域再生計画を策定している．むろん個々の計画を見てみれば，その内容がその地域を再生していくために十分なものばかりとは言えない．しかし，最初から完全なものなどありえないのであり，まず議論し作業をしながら経験を積んでいけばよいし，必要に応じて計画も修正していけばよいのである．

地域を再生させるためには地域の持つ力を向上させることが必要だ．この地域力の土台になるのは地域の人たちのネットワークである．このネットワークが広がっていくのにつれて地域再生のための，すなわち地域のことを地域で決めるための広くまた深い知恵が，着実に集まってくるのである．

「言いたいことはわかったが，うちには人材がいないんだ」という声もある．しかし，だからといって悲観することもないし，地域づくりをあきらめる必要もない．人材がいないのであれば育てればよいのである．本書で紹介しているが，地域再生の仕組みのひとつとして，内閣府が地域の大学と連携し，地域の活力の基盤になる人材を育成するプログラムがスタートしている．大学を核として国，地方自治体そして地域の人びとが連携して，地域の課題をテーマに，学生だけでなく社会人も参加した講座を開講し人材育成を図っている．

こうした仕組みを活用することで，①大学は地域社会との連携を深めることができる，②国は地域の課題への対応方法を地域と共有することができる，③地方自治体は自らの課題について講座に参加する幅広い人材からの意見を得ることができ，かつ，この講座に職員を学生として参加させることにより人材育成も図ることができる，④学生にとっては実践的な講座の中で，実社会対応の知見を得ることができる．こうしてこの仕組みは，参加者それぞれにメリットを与えるシステムとなっている．

国のアイデアを待ち，それに乗ることで自分たちの住む地域の振興を図る，という時代は過ぎ去った．自分たちの地域は自分たちの知恵で運営し

ていくのであり，そのための政策は，地域で自ら決定していく時代がきたのである．国は，地域の動きを後押しする役割を担っていくことになる．その後押しのための仕組みとして，特区と地域再生制度の「提案制度」がある．地域振興を図るために必要となる国の制度の変更を，地域・現場からの発意で行うこの制度は，地域からの提案がなければまったく動かない．逆にこの「提案制度」を積極的に利用することで，地域の活性化のための支援装置である特区や地域再生制度をさらに強力に，地域の支援を図りうるものへと進化させることが可能になるのである．

I 構造改革特区制度と地域の自立・活性化

1 構造改革特区制度
全員参加型の政策立案システムへ

1 特区誕生への胎動――2002年

1.1 四日市の石油コンビナート特区の挑戦

「特区が1年早くても,遅くてもダメだった」.特区制度が導入された2002年当時,三重県四日市市商工課長だった藤井信雄はそう語った[1].

日本で最も古いコンビナートである四日市コンビナートの疲弊は当時,ピークに達していた.市内の石油化学関連の雇用者数は,1989年の12,033人から2001年には9,027人にまで減少し,コンビナート関連の法人市民税額は同期間で41億円から11億円にまで激減していた.危機感が高まる中,企業10社,三重県,市などで構成された検討会では,国のコンビナートレイアウト規制が最大の問題として浮上していた[2].

---

1)『日経ビジネス』2003年3月24日号「三重県四日市市 地域の空洞化を阻止!」,『週刊東洋経済』2003年6月28日号「構造改革特区 三本の矢で四日市コンビナートを再生せよ」.
2) 四日市市資料「構造改革特区を活用した臨海部コンビナート等の産業再生」.

コンビナートレイアウト規制とは，本来は，コンビナートにおける大規模災害を防止するために，製造施設，貯蔵施設などの混在を禁止し，通路の幅員，敷地境界からの建造物までの距離などを規制するものである（石油コンビナート等災害防止法：昭和50年法律第84号）．主力のエチレン生産が国内外の需要の減少で落ち込み，01年にはエチレンプラントの停止が現実になるなど，コンビナート全体の構造転換がまったなしの状態になる中，レイアウト規制により，施設のリニューアルは著しく制約を受けていたのである．藤井らは，消防庁，経済産業省など国の所管省庁に働きかけを繰り返したが，規制の壁は厚く存在していた．

構造改革特区推進本部が設置され，構造改革特区制度の検討が本格化した02年7月，時を置かず，三重県，四日市市，民間企業からなる特区推進プロジェクトチームが発足した．藤井が語ったとおり，地域の官民のニーズと国の制度化の動きが一致した，この絶妙なタイミングこそ，特区制度の成り立ちを象徴している．

プロジェクトチームには，規制の実施部局である四日市消防本部も協力し，安全性を確保するための地域独自の代替措置の検討が行われた．通路幅を大きくとる代わりの水幕施設の設置，配管のかさ上げを必要としない消防車の代替ルートの設定など，官民の自主的な協力により，次々と代替措置が検討され，実証実験が繰り返され，安全性が検証された．この結果，三重県，四日市市などが構想した「技術集積活用型産業再生特区」は03年4月に特区の第1回認定を得て，レイアウト規制の特例が導入された．市が独自に導入した企業立地促進条例（固定資産税，都市計画税の1/2還付）などと相俟って，特区の導入は効果を上げ，これまでに約660億円の新規の設備投資を生み出している[3]．

1.2 構造改革特区の仕組みと両義性

構造改革特区とは，最も端的に言えば「地域を限って規制改革を行う仕

---

3) 内閣官房構造改革特区推進室資料「特区における経済効果」2006年9月15日．

figure 1-1 構造改革特区の3つの仕組み

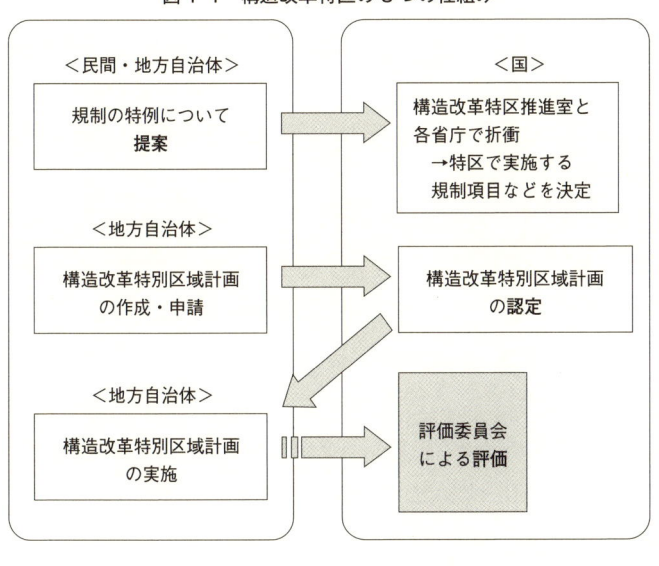

組み」である．法律上の定義に従えば，「地方公共団体が当該地域の活性化を図るために自発的に設定する区域であって，当該地域の特性に応じた特定事業（地方公共団体が実施し又はその実施を促進する事業で，規制の特例措置の適用を受けるもの──筆者注）を実施し又はその実施を促進するもの」（構造改革特別区域法，第2条第1項・第2項，巻末資料参照）となる．

ここで言う「規制改革」は，規制をより合理的・効果的な仕組みに変えることを指し，「緩和」「強化」のいずれもありうる．これを「地域を限って……行う」とは，地方自治体の関与を前提として，地方自治体が設定する区域に限って規制の特例を適用することである．

具体的な仕組みとしては，次の3つの仕組みから構成されている（図1-1）．

①「提案制度」：規制の特例を用いて何らかの活動を行うことが想定される者からの政策提案を受けて，実施可能な特例をリスト化する仕組

み

② 「認定制度」：リスト化された特例から実際に活用するものを選択し，組み合わせ，適用する区域と実施可能となる事業を記載した計画を地方自治体が作成し，内閣総理大臣の認定を受けて，特例を発効させる仕組み

③ 「評価制度」：特例の適用状況を評価し，弊害の発生が認められなければ，構造改革特区の認定制度を経ることなく，同様の規制改革の効果を受けられるようにする（いわゆる特例の全国展開を行う）仕組み

すなわち，「提案」「認定」「評価」という流れの中で，地域を限った規制改革を経て全国規模での規制改革を実現する仕組みとなっている．

このように，構造改革特区は規制改革を実現する手段であるとともに，地域の活性化を図る手段でもあるという両義性を持っている．

1.3 パイロット自治体制度の限界

構造改革特区の先行制度としては，1992年12月の閣議決定に基づき，94年から5年間実施されたパイロット自治体制度（地方分権特例制度）がある．臨時行政改革推進審議会（第3次行革審）が，国と地方の権限の抜本的再配分について議論し，92年6月にとりまとめた答申が基礎となっており，法改正を要しない特定の事項について地方分権の試行的実現を図るために導入されたものである．

地方自治体からの提案に基づき，内閣が調整を行い，許認可などの国の制度の特例を導入するというパイロット自治体制度の枠組み自体は，構造改革特区制度の先駆的制度と言ってよい．しかし，「法律の制定又は改正を要しない範囲で（略）可能な特例措置を講ずる」とし，提案に先立って「市町村は，あらかじめ関係都道府県と協議するもの」としているなど，改革の対象となる制度の範囲や手続きが大きく制約されたものであった．また，改革の提案主体も地方自治体に限定されていた[4)5)]．

パイロット自治体制度には，39の自治体が参加し，小学校の空き教室

の転用など成果を上げたものもあったが，当初期待されたほどの効果をあげず，99年3月に制度の幕を下ろしている．

　この間，95年の阪神淡路大震災で甚大な被害を被った神戸市では，復興に向けて国際的な交流拠点の形成を図ろうとする「神戸エンタープライズ構想」を兵庫県，経済団体などと連携して提唱し，ポートアイランド地区に限定した税制の優遇と規制特例の導入を国に働きかけたが，「一国二制度につながる」との理由から実現されなかったという経緯がある[6]．とはいえ，この神戸市の動きには，地方自治体自らの発意により政策を実現しようとする理念の萌芽を見ることができる．

1.4　特区的な先行制度

　構造改革特区に先行する形で，特区的といわれる2つの制度が法定化されている．1つは，沖縄に地域を限定した制度であり，もう1つは，都市再生に分野を限定した制度である．

　沖縄の特区とは，2002年に成立した沖縄振興特別措置法に基づく「情報通信産業特別地区（情報特区）」および「金融業務特別地区（金融特区）」である．いずれも沖縄の振興を目的として，特定の産業の集積を図るため，課税の特例措置を講じるものである．財政的な措置を対象としない構造改革特区とは異なり，海外に多く見られるいわゆる「経済特区」に近い．たとえば，中国の海南島などの経済特区や米国のエンタープライズゾーンなどである．

　一方，都市再生の特区とは，02年6月に施行された都市再生特別措置法に基づく「都市再生緊急整備地域」で適用される「都市再生特別地区」

---

4)「地方分権特例制度について」(1992年12月8日閣議決定).
5) パイロット自治体会議資料「パイロット自治体制度に新たな息吹を――パイロット自治体制度へ応募のお勧め」1995年7月．「市町村主権フォーラムの結成」*CITIZENS FORUM for RENEWAL*「行革国民会議ニュース」No.103, 1999年4月号．
6) 大野利彦「「先端医療産業特区」と「国際みなと経済特区」について――神戸市の2つの特区の，実現までの道のりと，今後の展望」『ひょうご経済』第80号．

である.この制度は,建築物の用途,容積,建ぺい率,面積,高さ,配列に関する既存の都市計画をいったん白地に戻して塗り替える制度であり,地域が必要とするプロジェクトの推進のために既存の規制を適用除外するという点で,構造改革特区制度の先行的な制度と見ることができる.しかし,この制度は,都市計画法に基づく都市計画として定めることができるメニューに自由度の高い類型が追加されたもの,と捉えることもでき,都市計画法の規制体系に新たな考え方が導入された,というものではない.

このように,適用地域,分野を限定しての動きではあるが,地域を限って国の制度の特例を適用する仕組みを法制化する素地が整いつつあったのが,2002年である.

1.5 プロジェクト型規制改革の機運の高まり

構造改革特区の制度設計の基礎となった総合規制改革会議の「中間とりまとめ」(2002年7月23日)[7]には,複数の規制改革の組み合わせにより特定のテーマのプロジェクトを推進する構想の例が列挙されている.これらは,「当会議の規制改革特区ワーキンググループ又は当会議事務室が地方公共団体と行った意見交換において,地方公共団体等から提案された規制改革事項の主なものなどを,今後の地方公共団体や民間における検討の助けとするために,分野ごとに整理し,可能な限り数多く例示したもの」であり,地域の発意により規制改革を手段として特定目的のプロジェクトを推進する動きが,地方自治体においてすでに浸透し始めていたことがうかがえる.

構想例の一部を表1-1に整理しているが,これらのうち,「国際物流の機能強化」や「研究開発の推進」などは,関連する規制の所管省庁が多岐にわたっており,省庁横断的に複数の規制改革を一体的に実現することが,構想の実現にとって不可欠なものとなっている.また,「農企業の創生」

---

7) 総合規制改革会議「中間とりまとめ——経済活性化のために重点的に推進すべき規制改革」2002年7月23日「第5章 規制改革特区の実現に向けて 4.規制改革特区の構成例」.

1 構造改革特区制度

表 1-1　経済改革特区の構想例（抜粋）

国際物流の機能強化	○公有水面埋立地の用途変更，譲渡を円滑にするための手続の簡素化【国土交通省】 ○輸出入，港湾関係の手続の合理化（ワンストップサービス・シングルウィンドウ化）【国土交通省，財務省，法務省等】 ○民間への業務委託，勤務時間の延長による通関・検疫業務（CIQ）の24時間，365日営業の実現【国土交通省，財務省，法務省，農林水産省，厚生労働省】 ○総合保税地域における土地・施設の所有・管理主体（第三セクター，民間）に関する要件の緩和【財務省】
研究開発の推進	○大学の新増設に関する校地面積基準（1/2以上自己所有，校舎面積の3倍以上など）の緩和【文部科学省】 ○国立大学の教員が民間企業の役員を兼業する際の承認手続の簡素化，承認要件（原則勤務時間外）の緩和【人事院】 ○国立大学の施設・敷地の民間企業による廉価使用の要件（時価の5割以内）の緩和，手続の簡素化【財務省，文部科学省】 ○外国人研究者の在留資格要件の緩和，在留期間の延長，在留資格範囲の拡大【法務省】
農企業の創生	○農業生産法人に関する事業要件，構成員要件，業務執行役員要件の緩和 ○食品関連企業が自社で加工・販売等を行う農作物を生産するための農地の保有について，民間企業にも容認 ○農業に取り組もうとする個人または法人が小規模な農地を取得できるよう，農地の権利移動後の合計面積要件（都府県は50アール，道は2ヘクタール以上），都道府県が設定する「農地取得の際の下限面積要件」（下限面積未満の農家数が40/100以上，10アールの整数倍）の緩和 ○農業用施設を建設するために農地を転用する際の，許可不要範囲の拡大（加工・販売施設，レストラン・民宿への拡大） ○市民農園の開設者の農業生産法人や民間企業への拡大【いずれも農林水産省】
高度先端医療の推進	○高度先進医療の実施について，病床数制限の例外となる「特定病床等の特例」に関する要件の緩和 ○医療機関の広告規制の緩和 ○先端的治療に関する「混合診療」の容認 ○創薬承認審査体制の整備・迅速化，治験期間の短縮のための治験実施可能機関（国立大学・国立病院）の体制整備 ○外国人医師の医療行為を可能とするため，医師免許を持たなくとも医療行為が可能な「臨床修練制度」の適用拡大 ○遠隔医療など技術進歩に応じた柔軟な医療サービスの提供【いずれも厚生労働省】
教育の高度化・多様化推進	○学習指導要領の基準を上回る教育内容の設定や，小中一貫教育などのコースの設定 ○教員免許を有しない社会人，外国人の任用など，教員資格要件の緩和 ○株式会社の学校経営への参入など，学校の設置主体要件の緩和 ○公立小中学校の選択制導入のための通学校指定制度の廃止 ○学校などの公共施設（「公の施設」）について，第三セクター以外の民間企業へのアウトソーシング（運営委託）を解禁【いずれも文部科学省】

「高度先端医療の推進」「教育の高度化・多様化推進」などは，それぞれ単独の省庁が所管する規制を対象としているが，同一省庁内においても根拠となる法令が多岐にわたっており――例えば，「農企業の創生」に関連する法律は，農地法，農業経営基盤強化促進法，農業振興地域の整備に関する法律，特定農地貸付法（略称），市民農園整備促進法など――，これらを一体として改革するためには強力な牽引力を発揮する仕組みが要請されていた．

これらは後に，いわゆる「国際港湾特区」「知的特区」「農業特区」「医療特区」「教育特区」と呼ばれる構造改革特区構想として，地方自治体から多様な形で提案され，初期の特区制度に相当程度盛り込まれることとなる．

このように，構造改革特区制度が誕生する直前の段階において，複数の規制改革の一体的な実現により特定目的のプロジェクトを推進しようとする地方自治体の意識が高まっていたことがわかる．

一方，国土交通省の交通政策審議会におけるスーパー中枢港湾構想の提示（02年5月）・答申への位置付け（同11月）[8]，総合科学技術会議における「知的特区」に関する議論（同7月）[9]，農林水産省の有識者会議における農地制度全体にわたる論点整理（同6月～11月）[10]など，国においても，規制改革の観点のみならず，港湾の国際競争力の強化，産官学連携による研究開発・産業振興の推進，農業経営の合理化・担い手の確保等の農地制度の改革といった観点から，分野・制度を横断する議論が活発化していた．また，構造改革特区を生み出す原動力となった総合規制改革会議でも，いわゆる官製市場見直しの議論が激化しており，農業，医療，教育，社会福祉といった分野における株式会社参入の問題が大きく取り上げられ

---

[8] 交通政策審議会港湾分科会答申「経済社会の変化に対応し，国際競争力の強化，産業の再生，循環型社会の構築などを通じてより良い暮らしを実現する港湾政策のあり方」(2002年11月).
[9] 総合科学技術会議資料「知的特区について」2002年7月24日．
[10] 農林水産省経営局懇談会「農地制度に関する論点整理」2002年11月1日．

ていた．これらは，構造改革特区制度においても主要な検討課題として引き継がれていくことになる．

このように，特区制度の導入前夜，地方，国いずれにおいてもプロジェクト型の規制改革を強力に推進する機運が高まっていた．コップの水はまさにあふれんばかりであったのである．

1.6 従来型の地域振興立法からの脱却

構造改革特区制度は，「全国的な規制改革の実現」と「地域活性化の推進」という二つの目的を持っている．後者の目的から見れば，いわゆる地域振興立法の一つということも可能だが，地域の自主性・自立性を重視する観点から，従来型の地域振興立法からの脱却を目指したものといえる．この考え方は，構造改革特別区域基本方針のなかで「構造改革の推進等の意義」として次のとおり，端的に示されている．

> 地域においては，国があらかじめ何らかのモデルを示したり，従来型の財政措置による支援措置を講じることに期待するのではなく，「自助と自立の精神」を持って「知恵と工夫の競争」を行うことにより，地域の特性に応じた特区構想を立案することが期待される．また，そのような地域の独創的な構想を最大限実現するための環境整備を，内閣一体となって行っていくのが特区制度である．

従来型の地域振興立法としては，各次の全国総合開発計画との関係で整理すると次のものがある[11]．

① 「拠点開発方式」を掲げた全国総合開発計画（1962年〜）下における新産業都市建設促進法（62年），工業特別地域整備促進法（64年）など．

---

11) 平成14年度新全国総合開発計画推進調査　国土交通省「地方の自主性・主体性を生かした国支援・特例のあり方に関する調査」．

② 「広域生活圏構想」「大規模プロジェクト」を掲げた新全国総合開発計画（69年～）下における工業再配置促進法（72年）など．
③ 「定住圏構想」を掲げた第3次全国総合開発計画（77年～）下における過疎地域振興特別措置法（80年），高度技術工業集積地域開発促進法〈テクノポリス法〉（83年），総合保養地域整備法〈リゾート法〉（87年）など．
④ 「多極分散型国土の形成」「交流ネットワーク」を掲げた第4次全国総合開発計画（87年～）下における多極分散型国土形成促進法（88年），地方拠点都市地域の整備及び産業業務施設の再配置の促進に関する法律（92年）など．
⑤ 「多軸型国土構造の形成」「参加と連携」を掲げた第5次全国総合開発計画（98年～）下における新事業創出促進法など．

これらは，国土計画の観点から国が地域のあるべき姿のモデルを示し，その実現を目指して地域が推進するプロジェクトを誘導するためのメニューを用意する，いわゆるトップダウン型の地域振興立法であり，「自助と自立の精神」によるボトムアップ型の地域活性化を目指す構造改革特区制度は，従来型の地域振興立法とは一線を画すものである．上記の地域振興立法が，主に特定の施設の立地促進，集積を図るための補助，融資，税制の特例を主要な手段としていたことに対し，構造改革特区は，これらの「従来型の財政措置による支援措置」によらず，規制改革により「知恵と工夫の競争」を刺激するものであったという点でも大きく異なることはいうまでもない．

2　特区構想をめぐる2つの議論

2.1　総合規制改革会議における議論

特区構想が政府の公の場で議論されたのは，2002年3月12日の総合規

制改革会議が最初である[12]．03年度の検討テーマの一つとして素案が示されたものだが，さらに，4月15日の同会議において，「「経済改革特区」は，全国一律の規制について，地域の特性等に応じて特例的な規制を適用すること，あるいは，一定の規制を試行的に特定地域に限って緩和することなどを検討．その際，当該地域の地方公共団体の意見が十分に反映されるように留意」として検討の方向が示されている[13]．

さらに，同会議の資料では，社会的規制を中心に規制改革には長い時間を要することから「社会的実験」が不可欠であり，全国規模の規制改革を促進するとともに，自治体間競争による地方分権の本格的な進展に貢献するものとして特区の必要性が説かれ，従来の国主導の「モデル事業」との対比の中で特区制度の原型が示されている[14]．

この原型を基礎とし，地方自治体や規制所管省庁との意見交換などを経て，総合規制改革会議規制改革特区WGにおいて制度設計の検討が行われ，7月23日の「中間とりまとめ」の第5章「「規制改革特区」の実現に向けて」に結実し，後の具体的な制度構築の基本形となるのである[15]．

4月15日に示された特区制度の原型と「中間とりまとめ」に示された基本形とを比較すると次のような政策過程が浮かび上がってくる（図1-2参照）．

① 自治体主導の政策立案，財政措置への非依存，自治体の自己責任原則，対象となる規制の広汎性，内閣主導の調整といった特区の基本思想は，原型の内容がほぼ反映されていること．なお，国の主体が内閣府から内閣官房になり，総合調整機能が強調されている点が注目に値

---

12) 総合規制改革会議平成13年度第17回本会議資料「新年度の運営について（素案）」2002年3月12日．
13) 総合規制改革会議平成14年度第1回本会議資料「新年度の運営について（案）」2002年4月15日．
14) 八代尚宏「『規制改革特区』を規制改革の有力な手段に（メモ）」同会議資料．
15) 総合規制改革会議「中間とりまとめ——経済活性化のために重点的に推進すべき規制改革」2002年7月23日．

図 1-2　特区制度の原型と基本形

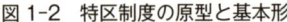

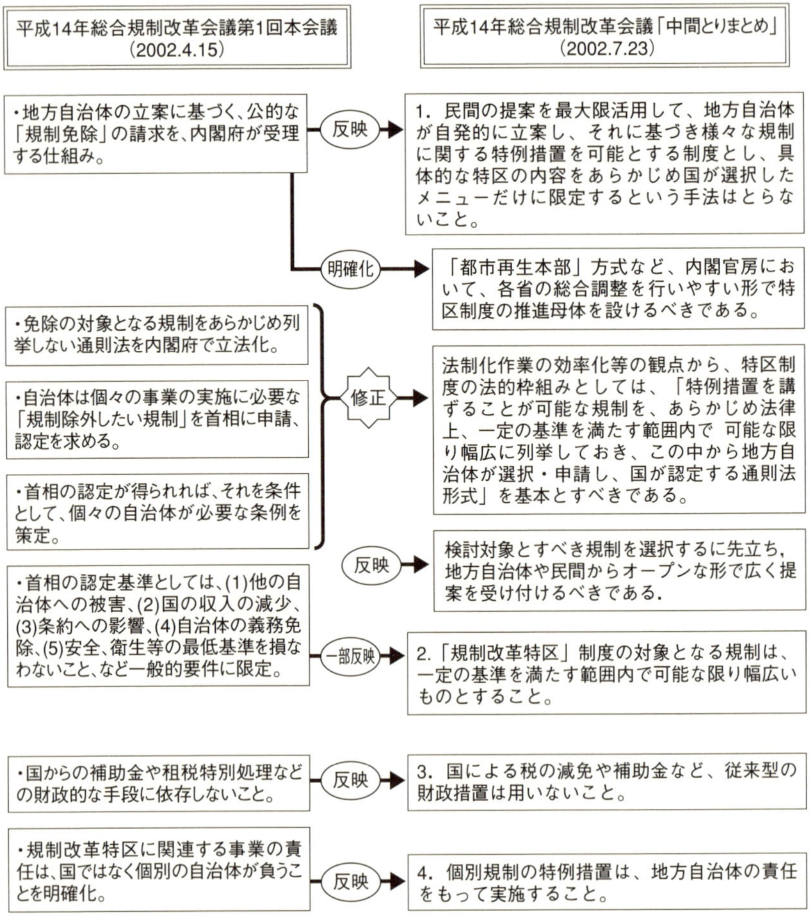

平成14年総合規制改革会議第1回本会議 (2002.4.15)		平成14年総合規制改革会議「中間とりまとめ」 (2002.7.23)
・地方自治体の立案に基づく、公的な「規制免除」の請求を、内閣府が受理する仕組み。	反映	1．民間の提案を最大限活用して、地方自治体が自発的に立案し、それに基づき様々な規制に関する特例措置を可能とする制度とし、具体的な特区の内容をあらかじめ国が選択したメニューだけに限定するという手法はとらないこと。
	明確化	「都市再生本部」方式など、内閣官房において、各省の総合調整を行いやすい形で特区制度の推進母体を設けるべきである。
・免除の対象となる規制をあらかじめ列挙しない通則法を内閣府で立法化。 ・自治体は個々の事業の実施に必要な「規制除外したい規制」を首相に申請、認定を求める。 ・首相の認定が得られれば、それを条件として、個々の自治体が必要な条例を策定。	修正	法制化作業の効率化等の観点から、特区制度の法的枠組みとしては、「特例措置を講ずることが可能な規制を、あらかじめ法律上、一定の基準を満たす範囲内で可能な限り幅広く列挙しておき、この中から地方自治体が選択・申請し、国が認定する通則法形式」を基本とすべきである。
	反映	検討対象とすべき規制を選択するに先立ち、地方自治体や民間からオープンな形で広く提案を受け付けるべきである。
・首相の認定基準としては、(1)他の自治体への被害、(2)国の収入の減少、(3)条約への影響、(4)自治体の義務免除、(5)安全、衛生等の最低基準を損なわないこと、など一般的要件に限定。	一部反映	2．「規制改革特区」制度の対象となる規制は、一定の基準を満たす範囲内で可能な限り幅広いものとすること。
・国からの補助金や租税特別処理などの財政的な手段に依存しないこと。	反映	3．国による税の減免や補助金など、従来型の財政措置は用いないこと。
・規制改革特区に関連する事業の責任は、国ではなく個別の自治体が負うことを明確化。	反映	4．個別規制の特例措置は、地方自治体の責任をもって実施すること。

する．

② 制度の具体的な仕組みについては，通則法形式へのこだわりは堅持されつつ，「法制化作業の効率化」などの実現性の観点から大幅な修正がなされている．原型では，内閣総理大臣の認定を根拠に自治体の条例が国の規制をオーバーライドする方式が提示されていたが，「中間とりまとめ」では，地方自治体，民間からの提案に基づき，規制の特例措置を導入し，限定列挙する方式に修正されている．自治体

の自由度の拡大という観点からは後退した感はあるが，政策提案制度の導入を明確にしたことは特筆すべきである．

2.2　経済財政諮問会議における議論

規制改革をめぐる議論と並行して，2002年3月15日の経済財政諮問会議に特区に関する資料が提出され，議論が開始されている．

経済産業大臣の提出資料では，

> 自治体が相互に競争しながら，創意と工夫により個性と魅力ある発展基盤づくりに取り組む新しい枠組み（自治体が規制制度・税財源の自律的選択を可能とする制度への転換．自治体による規制緩和と助成策などからなる「特区」的手法の検討）

との言及がなされ，制改革のみならず，税財源の改革も含めた特区の構想があったことがわかる．

また，民間議員の提出資料では，

> 〈構造改革特区の設置〉
> 規制改革を大幅に進めて，地域経済活性化の実験を進める構造改革特区を設置する．構造改革特区では，特定分野の規制が撤廃され，官の役割は縮小し，迅速かつ横断連携的な事業が実験的に進められることが期待される．

との指摘が行われており，手段を規制改革に限定しているものの地域経済活性化の視点が重視され，「構造改革特区」の名称が用いられている．

これらの指摘を踏まえて，検討が進められ，6月25日に閣議決定された「骨太の方針　2002」（経済財政運営と構造改革に関する基本方針）において，地域力戦略の一つとして，

> 進展の遅い分野の規制改革を地域の自発性を最大限尊重する形で進めるため，「構造改革特区」の導入を図る．こうした地域限定の構造改革を行うことで，

> 地域の特性が顕在化したり，特定地域に新たな産業が集積するなど，地域の活性化にもつながる．構造改革特区については，多くの府省に関係する新たな手法の施策でもあり，内閣官房に推進のための組織を設け，総合規制改革会議等の意見を聴きつつ，地方公共団体の具体的な提案等を踏まえて制度改革の内容等の具体化を推進する．

と結論づけられている．

これに基づき，7月5日に構造改革特区推進本部（本部長・内閣総理大臣）が設置され，制度化に向けた検討が本格化した．結果としては，構造改革特区という名称に一本化されたが，地域活性化と規制改革の推進という二つの目的を併せ持ちつつ，総合規制改革会議の議論を基本として制度設計が行われることになった．

3　政策決定過程のオープン化と内閣への調整機能の一元化

3.1　提案募集制度の意義

前節で見てきたように，構造改革特区では，規制改革を地方自治体や民間からの直接の提案により行うことが所与の条件となっていた．これを受けて，後に多くの制度に影響を与えることとなる構造改革特区の提案募集制度が設けられたのである．

提案募集制度とは，規制の影響を受ける事業の実施主体または実施の推進主体である民間事業者や地方自治体から，規制改革の政策提案を内閣官房が受け付け，規制の所管省庁との調整を通じて，提案の実現を図るものである．

先行制度であるパイロット自治体と異なり，提案の主体を地方自治体に限定せず，かつ，事前の調整を求めなかったため，官・民，法人・個人の別を問わず，全ての主体が政府と直結できるようになった点で特筆に価する．無論，提案の内容が玉石混交となる懸念はあり，実際に意味不明なも

の，明らかに倫理に反するものなども提案には含まれていたが，可能性を狭めないことを重視して，提案の主体には何ら制限を設けないこととなった．

提案募集制度の導入により，構造改革特区は，地域からの提案を原則として「価値あるもの」と位置づけ，その実現を関係省庁に強いるものとして確立されていく．当時の鴻池担当大臣が「全ての提案を宝として受け止め」ると国会で発言し，小泉首相が「できないという理由を検討するのではなく，「実現するためにはどうすればいいか」という観点から検討」するようにと各大臣に指示を行ったのは，このような姿勢の現れである．

通常，法改正を伴う制度改革は，各省庁に設置される審議会等の審議機関において，利害関係者の意見を踏まえた長期間の調査・議論に基づき行われることが多い．このような政策決定プロセスは規制改革を長期化させる要因の一つであり，提案募集制度は，このようなプロセスの一切をショートカットし，「地域の提案は実現すべき価値あるもの」という単純化された仮説から政策決定過程を開始できるようにした点で，新たな政策決定過程のモデルを提示したと言うことができる．

3.2 インターネットによるプロセス公開

地域からの提案を実現するまでの過程は，①提案の所管省庁への割り振り，②検討要請と回答のループ，③内閣官房と所管省庁との直接交渉，④大臣間の折衝，⑤内閣総理大臣の裁定，といった順で行われる．

提案主体を無限定としたことに加え，特区制度について特筆すべきは，②の「検討要請と回答のループ」のプロセスをインターネット上にほぼリアルタイムで公開したことである．

検討要請と回答のループとは，規制改革を求める提案に対する関係省庁の態度表明としての回答のうち，実現に至っていないものについて，内閣官房が回答の問題点（提案の誤解，論点のすり替え，論理の破綻，理由の不在など）を指摘し，再考を求めるよう要請を行い，それに対して関係省庁があらためて回答をするというプロセスを繰り返すものである．提案募

集では,このプロセスを2回から3回繰り返し,これらの全ての経過をインターネット上に公開している.この間,提案主体には,関係省庁からの回答に対する反論を提出する機会が設けられており,反論は内閣官房からの再考要請に付加されて,関係省庁の回答の対象となるのである.

これにより,関係省庁の回答には,提案者をはじめとする国民の監視が常に行き届くこととなり,通常の非公開の陳情には「木で鼻をくくった対応」が常態化している省庁は,緊張感のある対応を求められるようになった.関係省庁は,原則として合理的理由なき反対が困難になったのである.

特に,マスコミの注目を引く提案において,このプロセス公開の効果は顕著であった.例えば,第3次募集の「15歳未満の演劇子役の就業時間制限(午後8時まで)」の緩和を求める横浜市などからの提案については,担当大臣が人気アイドルグループに因んで「モーニング娘。特区」と名づけたことも手伝って,一般の耳目を集めた.子役の代わりに背の低い俳優の起用を余儀なくされたなど,演劇界の声が大きくマスコミで取り上げられたことから,当初,「就寝時間が遅くなり,教育に悪影響がでる」などと反発していた厚生労働省も,午後9時までの制限の延長を許容することとなった.

政治のワイドショー化と揶揄された小泉政権下の出来事の一つと見る向きもあろうが,規制所管省庁に合理的な判断を促すことが,政策決定過程の効率化にとって重要な鍵になったといえる.

3.3 省庁横断的な調整組織の確立

前項までで述べた「政策決定過程のオープン化」に加え,構造改革特区のもう一つの特徴として,省庁を横断する総合的な調整を内閣に一元化したことがある.

当初,構造改革特区推進室の室員は24人であり,そのうち提案の整理・分析,関係省庁との調整を担当する検討チームは11人(参事官2人,参事官補佐2人,担当7人)という人数だった.提案募集にあたって,提案主体を無限定のままで受け付けると大量の提案が応募されてくる可能性

があり，この人数で対応可能かどうかという点では大きな不安があった．

2002（平成14）年8月31日を締切日とした第1回の提案募集では，900を超える規制改革の要望を含む特区構想が426件提案されるという事態になり，実際に事務局の対応能力を大きく超える結果となった．これらの数字が示す構造改革特区への関心の高さが初期の成果の原動力となるのであるが，現場は熾烈を極めた．

これらの提案資料を1週間程度で読み込み，公表するとともに，関係省庁との折衝を開始し，約1ヵ月後の10月11日に結論を構造改革特区推進本部で決定するまでの間，室員は帰宅が困難な状況にまで陥った．関係省庁への検討要請にあたっては，公開を前提に，すべての規制改革に関する検討要請の文章を，室の幹部と検討チームとで一つひとつ吟味し，提案者のサイドに立つスタンスを徹底的に追求した．検討要請の度に3昼夜連続で対応に費やすことが常態化した．

6省庁，3自治体と2民間企業からやってきたメンバーで構成された検討チームが，約1ヵ月間，省庁横断的に規制改革要望を読み深め，関係省庁との折衝を経験したことにより，以後，第2回，第3回と続く過酷な提案募集に対応していくための戦闘集団が構成された．それは結果として，地域の発意による省庁横断的な規制改革プロジェクトを実現していくための組織の最適化にもつながったのである．

構造改革特区推進室が内閣官房に置かれたメリットとして，意思決定スピードの優位性がある．通常，国の省庁では，参事官補佐という役職から見て，大臣の意思決定を仰ぐまで十数段階の調整過程を要する場合が一般的である．しかし，構造改革特区推進室では，参事官補佐から大臣までの間には，参事官，室長，官房副長官補の3段階しかないフラットな構造となっていた．

省庁横断的な施策を，いわゆる「ホチキス」と呼ばれる施策の羅列に終わらせることなく，実質的に推進するためには，フラットな意思決定機構を有する調整組織の確立が不可欠であり，初期の構造改革特区推進室の体制はそのモデルの一つと言うことができる．

3.4 政治的決着プロセスの本格導入

構造改革特区の提案で，事務局による調整を経ても規制改革に至らないもののうち，規制改革を行うことに合理性が認められるものについては，大臣間の折衝，さらに内閣総理大臣（以下「総理」と言う）の裁定というプロセスに乗る．

この特区制度における大臣折衝は，事務的な折衝の積み上げに基づくものではあるが，シナリオの無い真剣勝負として行われている．実際，第1回の提案では，特区の担当大臣が就任直後という準備期間の無い時期ではあったが，厚生労働大臣と文部科学大臣に対し，医療，教育分野への株式会社参入などについて直接の交渉を行い，決裂した．第2回では，「株式会社，NPO法人による学校の設置，運営への参入の容認」の特例をはじめ6特例が大臣折衝の結果導入され，大きな成果を収めている．

また，総理が直接，特例導入の裁定を行った例として，医療分野の株式会社参入問題がある．医師会の反対を背景に厚生労働省は強硬に実現を拒んでいたが，厚生労働大臣と特区担当大臣の直接折衝を経て，総理から特区導入が指示された．それにもかかわらず，構造改革特区推進本部の決定事項に盛り込むことを厚生労働省が了解せず，決定事項資料には未調整のままで医療分野の株式会社参入を盛り込み，最終会議（構造改革特区推進本部）の席上，総理が導入の裁定を下すという前代未聞の事態となった．日本の官僚機構における調整過程としては，掟破り以外の何物でもないが，徹底的な政治主導の姿勢を貫いた出来事である[16]．

これらの事実から，官邸の機能強化，特命大臣の導入による政治の主導性が，内閣の一元的調整機能の発揮に有効に寄与したことがわかる．

---

16) 福島伸享「「構造改革特区」戦記　私が霞ヶ関を「脱藩」した理由」『中央公論』2003年10月号．

4 構造改革特別区域法の立法構造

4.1 法律の基本構成

　地方自治体の自主性の尊重という観点から，構造改革特別区域法（以下，「特区法」と略）の構成を簡単に整理する．

　2, 3節で述べた政策形成プロセスを経て，特区で導入される規制の特例措置がリスト化される．このうち，法律，政令で規定すべきものは，特区法および同施行令に根拠規定が置かれ，省令以下で規定すべきものは，各省庁が規定する省令等に根拠が置かれる．まず，これらの規制の特例措置を地方自治体が活用する場合の枠組みを整理する．

　特区が成立するためには，地方自治体が，規制の特例措置の適用を受けて実施する事業と適用を受ける区域を記載した計画である構造改革特別区域計画（以下，「特区計画」と略）を策定し，内閣総理大臣の認定を受けることになっている．特区計画の成立，実施への地方自治体の関与に関する規定は，次のとおりである．

①特区計画の申請（第4条第1項）
②計画の案の策定にあたっての事業の実施主体からの意見聴取（同条第3項）
③計画の案の策定にあたっての法令解釈の事前確認（同条第7項）
④認定後における内閣総理大臣，規制所管省庁の長からの報告聴取，措置要求への対応（第7条，第8条）

　このように，特区計画の申請自体は任意であり，地方自治体の自主性に基づくものであるが，規制の特例措置を導入した以上，地方自治体は特区計画の実施状況の把握を求められ，認定基準に適合しない状況に至った場合は認定の取り消し（第9条）を受けることとなっており，地方自治体の関与を前提に規制改革の効果を停止できる仕組みとして構成されているこ

とがわかる．

4.2 規制特例の構造

構造改革特区の規制の特例措置は，規制の緩和または強化の内容を当然に主要な要素とするほか，「地域特性」「同意要件」「代替措置」の三つを構成要素としている．「地域特性」とは当該特例が適用される地域を限定する条件であり，「同意要件」は内閣総理大臣の認定にあたって規制所管省庁が行う同意のための特別の条件であり，「代替措置」とは特例の導入にあたり，予想される弊害を防止するために規定される措置である．地方自治体の自主性尊重の観点から，「地域特性」への適合の判断は地方自治体自身に委ねられ，「同意要件」は事前手続きの実施確認などの形式的なものに限定され，「代替措置」については地方自治体の自己責任の考え方が導入されている．

株式会社に学校の経営を認める「学校設置会社による学校設置事業」を例に見てみよう．「地域特性」は，「構造改革特別区域において，地域の特性を生かした教育の実施の必要性，地域産業を担う人材の育成の必要性その他の特別の事情に対応するための教育又は研究を株式会社の設置する学校が行うことが適切かつ効果的である」ことであり，この要件への適合については「地方公共団体が……認める」と規定されている．「同意要件」は定められておらず，「代替措置」として，認定を受けた地方自治体に，学校の教育，組織，運営，また施設と設備の状況についての毎年度の評価および結果の公表，経営状況の悪化などにより学校の経営に著しい支障が生じる場合における転学あっせんなどの措置の履行が課せられている．

このように，規制の特例措置は，規制所管省庁の関与を極力排除した上で，地方自治体の自主的・自立的な特区計画の策定，運用を尊重する構造となっている．

5 構造改革特区の政策モデルと課題

構造改革特区制度については,次の三つの側面から政策モデル化することができる.

①政策主体の側面:全員参加型政策立案モデル
②調整過程の側面:合理的判断ゲームモデル(公開ディベートモデル)
③立法構造の側面:地方自治体関与型制度改革モデル

本節では,それぞれのモデルの特性と特区制度の運用実態に照らした課題を整理し,特区制度から生まれた政策モデルの発展可能性を展望する.

5.1 全員参加型政策立案モデル

特区制度の第1の特性は,全ての人に規制改革に関する政策立案の機会を開放したことである.2.1項で述べたように,政策提案の主体には一切の限定をかけていない.また,2.2項で述べたように,提案された政策の実現過程をインターネット上に公開し,提案者をはじめ,全ての人に政策成立過程への参加機会を提供している.

「国から地方へ」,「官から民へ」の構造改革を,政策主体のシフトという形で実現したドラスティックな政策モデルであり,「全員参加型政策立案モデル」と呼ぶこととする.

この政策モデルは,後にさまざまな政策で採用される.例えば市場化テスト制度,道州制特区といった後発制度において提案募集制度が導入されている.

一方,年2回実施してきた特区の提案募集制度は,5年目を迎えた時点で,提案数,実現数ともに減少の一途をたどっている.政策への参加機会を保証するだけでは,実際の政策への参加が増加するとは限らない点に,このモデルの課題がある.

規制改革を提案する機会があると言われても,すぐに政策提案ができる

人は少ない．現に実現される提案の多くは，すでに長年取り組んできたプロジェクトが，国の規制を障害として中断・頓挫し，規制所管省庁と折衝を重ねてきた経験の上に立っているものが多い．このような経験でもなければ，自らの事業が直面している問題があったとしても，その障壁が国の規制なのかどうかの判断はつきかねるし，その障壁を除去することの実現可能性を見通すことは難しい．

そこで，初期の段階から，構造改革特区推進室のメンバーが全国各地に赴いて，規制改革の政策立案ノウハウを提供する相談会を開催したり，メールによる常設の相談窓口などを設けて，政策参加の垣根を低くするための努力が重ねられている．こうした政策参加の障壁の除去と参加意欲の向上を図るための装置は，このモデルの成立に不可欠である．

また，この制度に参加すれば成果が得られる可能性が高いという共通認識が醸成されているかどうかも課題である．初期の特区制度に対しては，マスコミの関心も高く，政府中枢の支援も大きかったため，目覚しい成果が上がったと言えるが，いったん制度が安定期に入ると，時間の経過とともに世間の関心が薄れ，提案の量・質が低下し，実現数の減少につながり，制度への期待値が下がるという負のスパイラルに陥ることとなる．

特区の提案数減少の原因としては，

①規制改革の進捗により特区制度の対象となる規制自体が減少したこと
②国民参加型の制度改革が個別の制度に組み込まれ，特区制度の独自性が低下したこと
③提案募集の実施スピードに比して，地域における課題の成熟スピードが遅く，政策提案の熟度が高まらないこと
④個々の主体のみでは改革提案が困難な規制制度の根本的な課題が残されてきたこと

などが考えられる．①，②であれば，特区制度本来の目的が実現されたことに他ならず，発展的な解消も視野に入れればよいが，③，④であれば，

制度自体の見直しや運用の改善が必要である．例えば，地域の共通的な課題について，中期的な期間設定の下に，国と地方が協議を行って，規制改革の政策を練り上げていく過程を導入することなどが考えられる．

5.2 合理的判断ゲームモデル（公開ディベートモデル）

特区制度の第2の特性は，規制所管省庁が個別の政策提案に合理的判断をもって検討せざるを得ない強制的な場面を設定したことである．これは，図1-3に示すように，制度ユーザーからの政策提案をすべて検討の価値があるものと仮定して，内閣官房が代弁者となり，規制所管省庁との間でどちらの判断が合理的であるかのゲームを衆人環視のもとで行うという政策の調整過程を採用したものである．このモデルを「合理的判断ゲームモデル」または「公開ディベートモデル」と呼ぶこととする．

規制所管省庁は通常，制度の見直しを行うにあたって審議会という諮問機関での審議を経て，利害関係者の調整を行い，政策の客観性を確保する．一方，この審議会における審議期間が，政策決定を長期化させ，政策内容

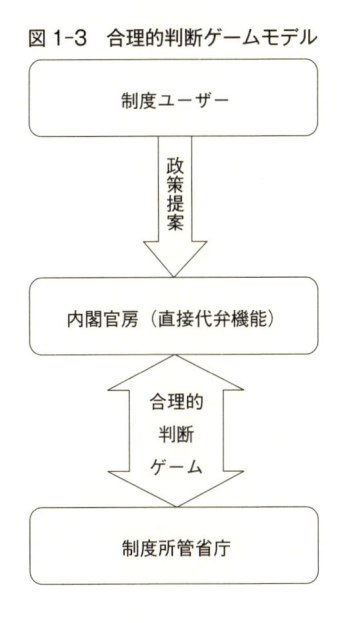

図1-3 合理的判断ゲームモデル

を骨抜きにするとの指摘もある．従来，規制所管省庁は，制度改革の要望を受けたとき，「審議会で審議した上で方向性を検討する」とし，結果，何もしないという対応が常態化していた．

合理的判断ゲームモデルは，審議会という装置を用いず，「政策の実施現場に近い地域の声が机上の議論よりも価値が高い」との仮定を採用して，利害関係の調整や客観性の付与のプロセスを単純化したことに大きな特徴がある．

内閣官房と規制所管省庁の極端な非対称性により，このモデルは少なくとも初期の段階において，内閣官房側に，すなわち特区制度の拡大方向に寄与したのである．

非対称性とは，規制所管省庁が，重層的な組織構造・利害依存的体質・専門的判断といった特性を持つのに対し，内閣官房はフラットな組織構造・利害中立的体質・常識的判断といった特性を有しており，公開ディベートの場においては，意思決定のスピード，判断の透明性やわかりやすさの面で極端な差異があったということを意味している．

なお，このモデルは，規制所管省庁にとってもメリットを生じる場合がある．それは，何らかの理由で調整過程が難航している政策について，特区の政策モデルを活用することで，調整過程をショートカットできると判断する場合である．実際のところ，族議員や業界団体との調整が困難な政策課題を特区で実現し，すみやかに全国規模での制度見直しにつなげていった，したたかな省庁もある．

このモデルにも，いくつかの課題がある．

①非効率性の問題

原則としてすべての政策提案を検討の価値あるものと仮定することから，現実には実現可能性が低い提案にも人的・時間的コストがかかり，行政内部に非効率性が発生するという問題がある．実際には，地域の担い手の悩み相談的な側面もあり，専門家による事前コンサルティングなどで非効率の低減を図ることが必要である．さらに，政策提案の客観的なスクリーニ

ング機能を確保することが重要であり，検討の対象外とするための基準の明確化や重点的な検討テーマの設定などの対応が考えられるが，一方で，効果の比較的小さい政策提案や検討が未熟な政策提案が排除される可能性があり，解決は難しい．

②政策の偏向の危険性

　原理的には，一つの主体による政策提案に基づいて，制度の見直しを行う場合があることから，多面的な議論を尽くさずに政策が実現され，特定の者の利益のみに寄与するなど，政策が偏向する危険性を有している．

　しかし，特区制度自体が，そもそも，特定の地域の自己責任により政策を実施し，検証する制度であることから，偏向などの問題があれば，事後評価に基づき是正すればよいという考え方もある．

③政府の存在理由の問題

　政策の主体が「国から地方へ」,「官から民へ」とシフトし，内閣官房は政策主体の代弁者に過ぎないのであるならば，政府は政策立案機能を放棄したに等しく，存在理由を失っているのではないかという批判がありうる．そうかもしれず，およそ内政に限っては政府の存在理由はさほど大きくない分野が多いのかもしれない．しかし，敢えて，もう一度，政府の存在理由を再考するならば，少なくとも，次の2つの機能は重要なのではないだろうか．

　a. 規制改革に取り組むべき分野の特定と検討の方向性の提示
　b. 全国共通的な枠組みとしての国の法令の構造や解釈に関する技術的専門家としてのコンサルティングの実施

5.3　地方自治体関与型制度改革モデル

　特区制度の第3の特性は，図1-4に示すように，規制の特例による事業の実施に地方自治体が関与することで，弊害が生じた場合の被害の拡大防止や速やかな原状復帰等の対応を確保した点にある．この政策モデルを，

Ⅰ 構造改革特区制度と地域の自立・活性化

図1-4 地方自治体関与型制度改革モデル

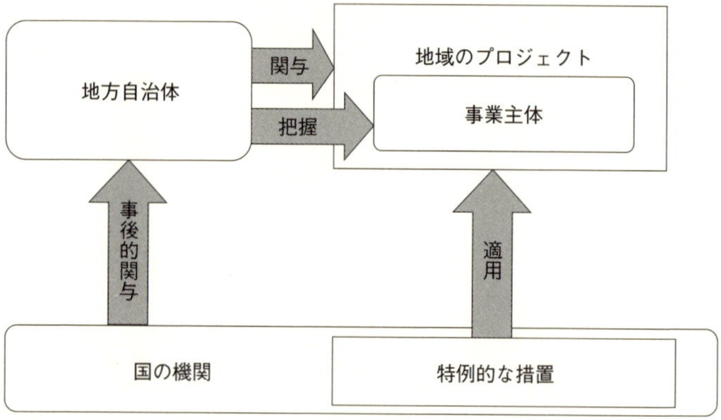

[図：地方自治体関与型制度改革モデル。地方自治体から地域のプロジェクト（事業主体）へ「関与」「把握」の矢印。国の機関から地方自治体へ「事後的関与」、国の機関から地域のプロジェクトへ「特例的な措置」の「適用」]

「地方自治体関与型制度改革モデル」と呼ぶ．

　特区は，地域を限定して規制改革を行う制度であることから，制度成立当初は規制の特例が適用される要件としての「地域特性」の設定が重視された．少なくとも，規制の特例の実施状況を検証し，全国的な規制改革につなげるという制度の目的からは，「地域特性」の要件を広げる，または外すことがイメージされていたはずである．しかし，実際は，「地域特性」の要件設定は形骸化し，あらゆる地方自治体が対象となりうるものが多く，「地域限定での規制改革」は「地方自治体の関与による弊害防止を前提とした規制改革」という性格が強いものとなった．

　内閣官房と規制所管省庁との間での調整過程の終局場面では，このような条件設定をめぐる交渉が行われ，条件の設定が鍵となって実現にこぎつけた特例も多い．従来の規制改革の議論が，ゼロサムの議論であったために進展がみられなかった傾向があるのに対し，条件設定闘争を導入する政策モデルを採用したことが特区制度の成果につながったと見ることができる．

　このモデルの問題点は，全国展開のための評価制度との関係で論じることができる．現在の特区制度の評価基準は，果たして全国展開のための評価と言えるかどうか，疑問を禁じえない．実際は，特区の認定という手続きを解除しただけの全国展開が多く，限定的な要件の緩和や煩瑣な手続き

の解消など,規制ユーザーの利便性を高めるための検証を行い,さらなる制度イノベーションを図る制度となっているとは言い難い.多大な労力をかけて,特区制度から追い出すだけの評価は無意味である.問題は,特区の認定手続きを外すか否かではない.

この際,「地方自治体の関与」を前提とした特例か否かで判断が分かれる.地方自治体の関与を前提としない特例であれば,特区計画の認定は「単にエリアを限定するための装置」であったのだから,弊害の有無の検証が済めば認定の対象外とする全国展開が成立するのだが,地方自治体の関与を前提とした場合,特区計画の認定は「地方自治体の関与を担保する装置」でもあり,関与の要否の検証を行わない限り,特区計画の認定の要否を全国展開の評価に含めることに合理性はない.真の全国展開の評価は,特区計画の対象外とすることで評価の枠外に追いやることではなく,特区制度に伴って導入した要件や手続きなどについて不断の見直しを行うことではないだろうか.

規制改革や地域振興制度の大きな課題の解決を探る鍵は,ここにあると指摘しておこう.

5.4 制度の延長と改善策

特区制度の特性を3つのモデルとして抽出し,その課題を整理した.構造改革特別区域法は5年目を迎え,初めての制度全体の見直しを行い,2007年3月に改正され,申請期限が2012年3月31日まで延長されている.制度全体の問題点をどう捉え,どのように対応したのかについては,第3章で述べられている.本章で,特区制度のモデルの課題として指摘した諸点のうち,今回の見直しで対応が図られているものもあれば,検討課題として残っているもの,検討がなされていないものもある.モデルに照らした制度見直しの検証は別の機会に委ねたい.

また,特区制度のモデルは,もちろん,すべての地域主導型の政策形成に有効に適用できるわけではない.実際,特区制度の政策モデルの適用を余儀なくされた地域再生制度の初期の取り組みでは,それ故に困難に直面

した．地域再生の政策過程において，特区制度のモデルをどのように適用し，どのようにモデルの修正を行ったかについては，第4章で述べる．

2 特区と教育・農業改革
創意工夫のインパクト

　構造改革特区制度において，地方・地域からの提案が多く，また特区導入後に成果をあげてきたのが教育分野と農業分野である．この背景には，教育・農業ともに生活にかかわる分野であり，関心の高いテーマであること，また地域の抱えるニーズや課題が多様であること，さらに特区制度の創設が検討されていた時点で，すでにさまざまな場で政策的な議論が進んでいたことがあげられる．

　以下1〜3節では，最も多くの特区が誕生した教育分野について，2001年，02年の特区創設時の教育改革をめぐる政府部内の議論や地域からの提案，いくつかの規制の特例措置をめぐる法制上の論点などを振り返りながら，特区を通じた教育制度の改革の意義と残された課題を探る．

　続く4〜6節では，農業分野について，地域から多く寄せられた民間企業などの農業参入に関する提案に国がどのように対応してきたか，リース特区の特例措置の導入とその活用を中心に詳述するとともに，農業特区の今後の展開方向と課題を考察する．

1 教育行政に対する改革機運の高まり

　経済財政諮問会議が，教育を主要テーマとしてはじめて採り上げたのは，2001（平成13）年6月の第10回目の会議であった．「大学の構造改革」というテーマで議論が行われ，個人の生産性をあげていくことが日本経済の活性化にとって不可欠であり，人的資源大国を目指すために，人材を輩出する教育機関，とりわけ大学の競争力が重要であると指摘された．そのために，徹底した第三者評価を行い，「よい大学は世界のトップクラスに，努力しない大学は淘汰する」という重点投資の方向性が示された．同年の「骨太の方針（今後の経済財政運営及び経済社会の構造改革に関する基本方針）」においては，「教育全般について，そのあり方を検討する必要がある．特に国立大学については，法人化して，自主性を高めるとともに，大学運営に外部専門家の参加を得，民営化を始め民間的発想の経営手法を導入し国際競争力のある大学を目指す」という内容が盛り込まれた．

　また，総合規制改革会議においても，重点分野のひとつとして教育分野が掲げられ，広範な議論が行われた．高等教育行政の分野では，大学・学部設置規制，大学設置時の校地面積基準，自己所有比率規制といった問題が，また，初中等教育行政の分野では，私立学校の設置基準の規制，私立学校審議会のあり方，「コミュニティ・スクール」の導入といった問題が議論されていた．その後，同会議の議論は，高等教育，初中等教育を問わず，株式会社立学校の解禁という管理・運営の主体論が中心となっていく．

　一方で，この時期，「国から地方へ」という内閣の方針に沿って，地方分権の議論が活発化し，その中で焦点となったテーマは補助金改革，税源移譲，地方交付税改革を同時に行おうという「三位一体の改革」であった．この改革のなかで，金額的に大きなウェイトを占めていたのが義務教育費国庫負担金であり，それを削減し，相当分を税源移譲することをめぐって議論が展開された．

　2002年に入り，経済財政諮問会議，総合規制改革会議は，その年の規制改革の「目玉」として「特区」という考え方を打ち出し始める．そして

具体的な特区のイメージとしてビジネス，国際医療，先端農業，雇用訓練の各特区とならんで，当初から掲げられていたのが，公立・私立を問わず義務教育段階から自由な教育カリキュラムの形成を可能とする「自由教育特区」であった．

総合規制改革会議が地方自治体などと意見交換を行った際にも，自治体側から出された構想例のうち，最も例示数が多かったのが教育分野であった．例えば，初中等教育における学習指導要領に関するもの（学習指導要領の基準を上回る教育内容の設定や，小中一貫教育などのコースの設定），学校設置・運営主体に関するもの（学校などの公共施設について，民間企業へのアウトソーシングを解禁），教員資格に関するもの（教員免許を有しない企業人，外国人の常勤教員への任用），高等教育における学校設置主体に関するもの（株式会社の学校経営への参入），大学などの新増設に関する校地面積基準に関するもの（1/2以上自己所有，校舎面積の3倍以上などの基準緩和），大学の学部設置に関するもの（認可制から届出制への緩和）などがあげられた．

当時，文部科学省は，「教育に関する制度については，憲法や教育基本法における教育の機会均等などの理念を具体化するために設けられているものがあり，特区において特例措置を設けることにより，このような理念を没却するような結果を招く場合には，特例措置を設けることは不適切である」という意見を表明し，教育分野の規制の特例措置を設けることについて，慎重な態度を見せていた．

2 特区と教育制度をめぐる論点

2.1 地域からの提案

2002年9月の第1回特区提案募集に寄せられた特区構想のなかの個別の規制改革要望903事項のうち，教育行政を所管している文部科学省に関わるものは134事項であった．そのうち，多くの自治体や民間事業者など

から提案が集中した項目をいくつか例にあげると，以下のとおりである．

・教育課程の弾力化
　小中一貫教育の実施，小学校における外国語による授業の実施，教科の自由な設定，修業年限の弾力化
・株式会社，NPO法人などによる学校設置，管理・運営の容認
・公立学校における学校管理権限の見直し
　教育委員会の権限の縮小，知事部局の直接所管，教育委員会の設置任意化，県費負担教職員の任命権を市町村教育委員会に付与
・大学・大学院の規制緩和
　私立大学の学部・学科の設置及び廃止について認可制から届出制への移行，大学設置基準の緩和（校地面積基準の緩和）
・幼保一元化
　幼稚園入園年齢制限（満3歳）の撤廃，幼稚園における幼稚園教諭・保育士資格の統合，幼稚園設置基準の弾力化
・国立大学の施設・敷地の廉価使用の要件の緩和
　共同研究を行う場合のみならず，企業単独で研究を行う場合なども廉価使用を認める

　続く第2回目の提案募集においては，上記とほぼ同趣旨の提案が再び寄せられたのに加え，いわゆる「公設民営」方式による公立学校の管理・運営の民間委託の提案が新たに寄せられた．

2.2　法制度上の論点

　これらの地域からの特区提案のなかには，現行の教育制度の根幹の見直しを迫るような大きな法制度上の論点が含まれている．ここでは，そのうち，学校の設置，管理・運営主体についての論点と，教育委員会の権限の見直しをめぐる論点の2つを採り上げる．

■株式会社等による学校設置

　民間による学校設置の主体として，学校法人以外に，株式会社やNPO法人を容認してはどうか，という議論である．学校教育法第2条において，学校は「国，地方公共団体及び学校法人のみ」が設置できると規定されている．この規定の法益は，教育の公共性，安定性，継続性の担保と考えられるが，その法益自体の重要性は否定できないであろう．だとすれば，法益を維持することを前提に，規制の別の組み合わせ方ができるかどうかが制度論の焦点となってくる．

　例えば，継続性の確保という法益について，設置主体に情報公開を義務付け，かつ，地方自治体が学校の経営状況をモニタリングし，経営悪化が認められる場合には，在学生の修学の継続を確保する手立てを用意する，といった方策を前提に，学校法人以外の設置主体による学校設置を認めるという組み合わせである．実際には，会社の資産・役員に係る要件，業務・財務に関する情報公開や地方自治体による学校の評価，学校破綻時のセーフティネットの構築など，設置認可手続きが定められ，それらをクリアした場合に，株式会社による学校設置が認められることとなった．

　NPO法人による学校設置も認められたが，その提供しうる教育が不登校児童生徒などの教育に限定され，株式会社立の学校に比べて限定されている．

■公立学校の管理・運営の民間委託

　公立学校の管理・運営を株式会社やNPO法人に委託できないか，という議論である．この場合の管理・運営は，校舎などの施設や設備の整備などの物的管理，教職員の任免などの人的管理，児童生徒に対する教育活動を効果的に実施するための運営管理などを全て含んでいる．

　この議論は，さまざまな分野で検討されていた公共サービスの民間委託の議論に少なからず影響を受けている．駐車違反の取締り事務や刑務所における事務の民間委託に関しての議論では，権力性のある事務とない事務に切り分け，後者については民間委託可能，という法制的な整理が試みら

れていたが，そのアナロジーで，公立学校における教育関連事務について，権力性のある事務の部分は，例えば教育委員会に留保しつつ，権力性のない事務について，指定管理者などの民間に委託できるかどうかが論点となった．結論的には，入退学の許可や卒業の認定などの権力性の高い事務と，その前提となる教育課程の編成や日常の指導は一体として実施されるべきもので，権力性のある事務とない事務を区別することは困難であり，民間委託は不可能，という法制的な整理がなされた．

■教育委員会の権限の見直し

現在，公立学校を管理・運営している教育委員会の権限を，行政内部で割り振りし直すという問題である．割り振る方向のひとつは，都道府県教育委員会（以下「都道府県教委」）から市町村教育委員会（以下「市町村教委」）というもので，典型的には，教員の任免権の問題である．現在，市町村立の小中学校の教職員の任命権は都道府県教委が有している．これは，都道府県が教員の給与を負担していることに伴うもの（県費負担教職員制度）であるが，市町村立学校におけるマネジメントの確保の観点から，教職員の任命権を市町村教委に委譲することはどうか，という議論である．

もうひとつは，教育委員会から首長へ，という方向である．例えば，学校教育をはじめ，生涯教育，社会教育，スポーツ，芸術文化といったさまざまな事務を教育委員会が所管しているが，この事務の一部あるいは全部を首長が行うこととしてはどうか，という議論である．この場合の制度設計上の大きな論点は，政治的中立性の確保という問題をどう考えるか，ということである．政治的中立性の確保の必要性が相対的に低いと思われる学校教育以外の事務だけを移すか，政治的中立性確保のための仕組みを別途考えた上で，学校教育を含めた形で行うのか，いくつかオプションは考

---

1) 2007年6月に成立した「地方教育行政の組織及び運営に関する法律」の一部改正によって，スポーツ（学校における体育に関することは除く）と文化（文化財保護は除く）に関する事務については，首長が担当することができるようになった（施行は08年4月1日）．

えられよう[1].

これに関する特例措置として,07年3月に構造改革特区法が改正され,教育委員会の事務のうち,学校施設の管理と整備に関する事務を首長に移すことが可能となった.

さらに,教育委員会から学校へ,という方向である.例えば,教員の任免権を含め,学校の管理・運営権限を教育委員会から学校現場に移していくというものであるが,この場合,事務を委譲する受皿機関が問題となる.この点について,04年の「地方教育行政の組織及び運営に関する法律」の一部改正で導入された「学校運営協議会」[2]はひとつの有力な候補であろう.

3 特区における教育改革議論の意義

従来,教育制度については,どちらかといえば,行政や教育分野の専門家の意見を中心に議論が進められていたきらいがあるが,特区制度の導入により,教育制度をめぐるさまざまな要望が多くの地域から沸きあがってきた.特例として実現した株式会社,NPO法人による学校の設置については,従来の行政や教育分野の専門家の場では,おそらく議論すら行われなかったであろう.こうした地域の声に基づいた,いわば量的なアプローチによる教育の制度改革の議論が基本的に公開で行われたことは意義がある.

また,こうした議論を通じて,いくつかの規制の特例措置が用意され,

---

2) 教育委員会が個別に指定する学校ごとに,当該学校の運営に関して協議するためにおかれる機関で,地域の住民,保護者,その他教育委員会が必要と認める者で構成される(任命権者は教育委員会).学校運営協議会がおかれている学校の校長は,学校運営に関して,教育課程の編成などの重要事項について基本的な方針を作成し,学校運営協議会の承認を得なければならない.また,学校運営協議会は,学校の職員の採用その他の任用に関する事項について,職員の任命権者(任命する教育委員会)に対して意見を述べることができ,学校職員の任命権者は,当該職員の任用にあたっては,学校運営協議会から述べられた意見を尊重するものとされている.

それを活用した教育関連の特区が数多く誕生した．これまでに認定された特区計画の4割程度が教育分野である．その特区計画の内容は，特区創設時に議論された地域経済の活性化という色彩は薄く，増加する外国人子弟への対応や不登校対策など，地域の直面する教育上の課題への対応そのものであった．そして，特区計画のなかでもっとも多く活用された特例措置は，特区研究開発学校設置事業（教育課程の弾力化）であり，教育関連の特区全体の6割程度で活用されている．これは，地方自治体および学校が自発的に設定した課題に基づき，教育課程の基準（学校教育法施行規則第24条)[3]によらない教育課程の実験的な編成・実施を可能とするものである（主な教育分野の特区の具体例を，本章末に掲載している）．この点，特区制度が地域の社会的課題の解決のツールとなっている側面が伺える．

教育制度をめぐる特区の議論は，立法政策的にも示唆に富む．例えば，特例としては実現しなかったが，公立学校の管理・運営を民間事業者やNPO法人に包括的に委託することができないか，という議論である．先に述べたように，公共サービスの民間委託については，権力性のある事務とない事務に切り分け，後者の事務については民間委託が可能であるというのが，ひとつの整理の仕方であったが，公立学校の管理・運営の民間委託の議論のなかで，権力性のあるなしを区分できない一体不可分の公共サービスが存在し，それについては民間委託は不可能，という法制的な整理がなされた．これは，公共サービスの民間委託に係る立法政策を検討する上で，新たな視座を提供した．

ただし，ひとり特区の議論のみであったとしたら，例えば，株式会社立学校など教育制度の根幹に触れるような制度改正が実現していたかは疑わしい．教育行政をめぐって，経済財政諮問会議，総合規制改革会議といったさまざまな審議会で議論がなされたことが，制度改革の相場感を作っていった．特に，01年11月の経済財政諮問会議における議論は，その後の

[3) 学校教育法施行規則第24条：「小学校の教育課程は，国語，社会，算数，理科，生活，音楽，図画工作，家庭及び体育の各教科，道徳，特別活動並びに総合的な学習の時間によって編成するものとする」．

制度改革に大きな影響を与えることとなったと思われる．この会議における「大学への株式会社参入，高等教育サービスの効率的な提供，質の向上等のための資金調達の円滑化，経営の近代化の観点から，現在学校法人のみに限定されている私立大学の設置・運営主体を株式会社にも解禁」してはどうか，との委員からの提案に対し，当時の小泉純一郎首相が賛同する意見を述べたのである．ここに，内閣の重要政策として，教育の分野における株式会社参入が意識されることとなり，これが特区の株式会社立学校の議論の進展に大きな影響を与えたと考えられる．

なお，07年1月に，学校設置会社の特例を活用した株式会社立の大学運営者「LEC東京リーガルマインド」に対し，文部科学省が，勤務の実態のない専任教員が半数以上であるなどの問題を指摘し，改善勧告を行った．もとより，株式会社に学校設置の途を開いたからといって，当然に良質な教育サービスが提供されるとはいえない．仮に，制度的に学校法人では起きえない大学運営の問題が発生する可能性が高い，ということであるならば，教育の公共性，安定性，継続性を確保するための代替措置のレベルを上げることも検討する必要があるだろう．他方，この改善勧告は特区制度の問題というよりも，行政全体に関わるエンフォースメントの問題ではないか，という見方もありうる．いずれにしても，学生が不利益を被る確率が低くなるような制度設計をする必要がある．

教育委員会の権限の見直しについては，先述したように構造改革特区法の改正により特区の認定がある場合に，教育委員会の事務のうち，学校施設の管理と整備に関する事務を首長に移すことができるようになった．一方で，教育委員会の権限を学校現場に近いレベルにおろしていく方向の議論はあまり進展が見られていない．

こうした権限委譲の問題は，地域特性と結びつきのある問題である．例えば，学校の多い地域と少ない地域とでは，教員の確保に関する調整の必要性に大きな違いが生じる．学校数の少ない市町村には，教員の任免権をおろしても，さほど事務が難しくなく，むしろ教員の学校への帰属意識が高まるなど，プラスの面が大きい可能性もあろう．また，地域によっては，

教育委員会から「学校運営協議会」にもっと権限をおろして,本格的な「コミュニティ・スクール」としてもよいかもしれない.こうした地域の実態を踏まえた権限委譲といった議論は,今後の検討課題のひとつと言えよう.

4 農業改革とリース特区

　これまで認定された特区のうち農業分野については,規制の特例措置として農業生産法人以外の法人への農地などの貸付け(「株式会社の農業参入」,いわゆる「リース特区」)が71の自治体で活用されている.同時に,「農地取得の下限面積要件の緩和」や「市民農園開設主体の拡大」といった特例措置も多くの自治体で活用されている.

　その背景には,高齢化などによる農業の担い手不足,耕作放棄地の増加などの問題のほか,国・地方自治体の公共事業の抑制によって,地方の建設業が雇用確保の観点から新たな業態として農業分野に注目するようになってきたこと,また原料にこだわるため農業生産から加工・販売までを一貫して行いたい食品産業があったこと,食の安全・安心の観点から自らの手で農業生産を行いたい生活協同組合やNPOの需要があったことが挙げられる.さらに,過疎化・高齢化が進行し,地域のコミュニティが崩壊寸前となる中で,農業を核として何とかして地域を活性化したいという,地方の切迫した実態と要望があった.

　このような地域の実態を国はどのように認識し,どのように地域の要望に応えていったのか,リース特区の特例措置の導入とその活用を中心に述べる.

4.1 農林水産省の対応

　構造改革特区の第1回提案では,農林水産関係の提案が94件あったが,そのうち,従来からの農業生産法人だけでなく,民間企業や第三セクター,NPOなどにも農地所有や賃借を認めて欲しいという民間企業などの農業

参入に関するものが数多く提案された．その主な内容は，農業内部の担い手の減少，高齢化の進展等により耕作放棄地が増大する中で，農地の有効利用や雇用の確保，地域農業の活性化を図るためには，従来の農業生産法人の枠を越えた担い手の参入が必要というものであった．

これに対して，農林水産省の回答は「地域との調和や農地の適正かつ効率的な利用を担保するための代替措置を講じた上で，農業生産法人以外の企業法人による農業経営が可能となるよう特区で対応できないか検討中」と，規制改革に前向きなものであった．

通常，規制所管省庁からの回答は，規制の必要性やその規制を撤廃した場合の問題点などを延々と記述し，規制の正当性を主張するものがほとんどである．これに対し，農林水産省が当初から規制改革に前向きで，なおかつ農業政策の根幹を成すものとして重視しているはずの農地制度の規制緩和要望に対しても柔軟な姿勢を見せた背景には，特区制度の導入以前から，農業改革・農地制度改革の検討が始められていたことが挙げられよう．以下，公表されている資料などを基に，同省内の検討の流れを見ていく．

■食と農の再生プラン

特区制度が創設されたのと同じ2002（平成14）年の4月，農林水産政策の抜本的な改革を進める上での設計図として，農林水産大臣が「「食」と「農」の再生プラン」（以下，「再生プラン」）を提案した．そこには，農業の構造改革を加速化するため，意欲ある経営体が躍進する環境づくりとして，農業経営の株式会社化などによる多面的戦略を展開するための措置を講じるとともに，農地法の見直しに着手することが盛り込まれていた．

一方，同年4月24日の経済財政諮問会議においても，民間議員から提出された「地方公共団体の特区に関する構想例」において，企業等の農業への参入促進により地域における雇用の確保を実現するとの趣旨で，①農業生産法人要件の緩和，②土地所有規制の弾力化が提案されていた．

農林水産省が同年6月に公表した「再生プラン」の工程表において，「農地法の見直しに着手」に関して，地域限定的・試行的に「構造改革特

区」手法の活用について検討することが盛り込まれ，また，「経営の法人化で拓く構造改革に係る有識者懇談会」（学識経験者からなるアドバイザリー・グループ）を設置して，農業生産法人制度をはじめとした農地法全般にわたる評価・検討を行い，同年秋を目途に論点を整理するとされた．

このように，特区制度がスタートする前に，既に特区の活用も含めた検討が始められていたからこそ，農林水産省が前向きな回答を見せたのだろう．加えて，担い手の高齢化や耕作放棄地の増加といった，地域が抱える切実な課題を農林水産省も当然のごとく認識していた．このように，地域が抱える課題を，特区提案者と規制所管省庁とが共有できれば，提案は実現しやすいと言えるだろう．他方，規制所管省庁の問題意識が欠如していれば，提案の実現には相当なエネルギーを要することになる．

■特区推進室と農林水産省のやりとり

特区提案に対する農林水産省の回答を受け，構造改革特区推進室は同省に対して，「地方が置かれた切実な状況等を踏まえ検討を早急に行う」「地方自治体からの提案については，できるだけ活かす方向で検討を行う」よう要請した．

これに対し，同省からは「地域農業の活性化に貢献するものであれば特区は有効な政策手法である」としたうえで，農地制度に関する規制緩和をその内容とする特区については，①農地制度全体の中でどのような位置付けをするかなどの点について，有識者懇談会での論点整理や議論も踏まえたものとする必要がある，②特区の検討に当たっては，現場の提案や懸念を十分に踏まえ行う必要があり，現場でのニーズ（具体的にどの規制のどの点が問題となっているかなど）や，想定される懸念に対する担保措置などについて，提案を行った地方自治体などの具体的なニーズ，懸念を有する者からヒアリングなどを行う必要がある——との回答があった．

■有識者懇談会での議論

では，上記の回答の中で言及された農林水産省の有識者懇談会における

議論や検討を見てみよう．

有識者懇談会に提出された同省の資料によると，同省は02年4月下旬から地方農政局等を通じて特区に対する都道府県・市町村・関係団体からの意見を聴取しており，89件の特区提案が寄せられていた．

これらの提案の多くが，担い手の減少，高齢化の進展などにより耕作放棄地が増大する中で，農地の有効利用や雇用の確保，地域農業の活性化を図るため，従来の農業生産法人の枠を越えた担い手の参入が必要というものであった．

他方，農業関係団体などからは次のような農林水産大臣への申し入れがなされるなど，強い懸念が示された．

★「農地制度の見直しに対する強い懸念の表明と慎重な検討に関する申し入れ」
（02年7月12日，全国農業会議所会長）
1. さらなる株式会社の農業参入に対する懸念
　（1）株式会社の農業参入については，国会等の場における激しい議論を経て，昨年3月施行の改正農地法により株式会社形態（株式の譲渡制限のあるものに限る）を追加した新たな農業生産法人制度がスタートしたところであり，今回の「特区」や「食と農の再生プラン」の推進において，株式会社一般の農業参入を構想しているのであれば，あまりにも唐突であり農村現場に不安と混乱を招くことが懸念される．
　（2）将来にわたる農業の担い手は，家族農業経営と地域に根ざした農業者を基礎とする農業生産法人を基本とすべきであり，食料・農業・農村基本法もこのことを前提としていると考える．しかし，株式会社一般の農業参入を認めることになれば，農業の担い手政策の基本を変えることになり，農村現場の農政に対する信頼が揺らぐことが懸念される．
　（3）また，投機的な農地取得の防止や農業関係者以外の者による経営支配の排除，水管理や土地利用の面での地域社会との調和の確保などの懸念を払拭する実効性のある措置が取れるかが懸念される．
2. （略）

I 構造改革特区制度と地域の自立・活性化

★「農業分野における「構造改革特区」に関するJAグループの考え方」
（02年9月26日全国農業協同組合中央会）
1. （略）
2. 地方公共団体等からの提案に関する基本的考え方
3. 政府に対する意見
   農業分野の「構造改革特区」の検討に際しては，特に農外企業の農地取得について現場から以下の強い懸念が表明されている．
   ①家族農業を基本とする耕作者主義の否定につながる懸念がある
   ②水管理など集落機能の弱体化につながる懸念がある
   ③事業撤退による農地荒廃のおそれがある
   ④農外資本による経営支配のおそれがある
   ⑤農地の投機的取得がなされるおそれがある
こうした懸念を払拭するためには，以下の事項が必要と考える．
(1) 株式会社の農業参入について
   ①「特区」が将来にわたって株式会社一般の農業参入に道を拓くものとはならないこと
   ②投機的な農地取得を防止するため，企業による農地所有は認めないこと
   ③地域農業との調和が図られるとともに，経営開始後においても，参入企業が地域密着型農業経営を行うよう実効ある措置を講じること
(2) 市民農園など都市住民による農地利用について
   都市と農村の交流は，離れてしまった食と農の距離を縮めていくためにも重要なテーマであり，「特区」として対応するのか，現行制度の改善措置で円滑な取り組みを進めていくのか十分な検討が必要となるが，いずれにしても，市町村やJA等による賃借を基本とし，一定の管理体制を整備するなど，長期的に見て地域の農地利用の秩序を混乱させないものとすること

このような中で，同年11月にまとめられた有識者懇談会の農地制度に関する論点整理では，構造改革特区について，農地法などの規制の適用除外を行うとしても，耕作者主義の趣旨に抵触しないようにする必要があるとの考え方が示され，例えば，

・地域の農業者だけではもはや解消し得ない耕作放棄地が発生しており，耕作者主義の考え方では対応が困難な地域において例外的に特区を設

けて規制を緩和することはありうるが，その場合も，既存の農地制度では対応できない地域特性要件の設定，地域経済への貢献，担い手政策との整合，農業から撤退する場合の条件設定等が必要であるとの考え方

・効率的な利用等の条件付けが可能な市町村等による農地の貸付け方式に限定すべきであるとの考え方

があるとされた．

4.2　リース特区制度の創設

　農林水産省は地方からの特区提案の内容，有識者懇談会における論点整理および関係者から出された懸念などを踏まえ，最終的に次のような弊害の発生を防止するための措置を講じた仕組みとした上で，一般の株式会社などの農業参入に係る農地法の特例＝「リース特区」を構造改革特別区域法に盛り込むことに同意した．

　弊害発生防止措置は，具体的には，

①特区の区域は，担い手の不足，農地の遊休化が深刻で，農業内部での対応ではこれらの問題が解決できないような区域（耕作放棄地その他その効率的な利用を図る必要がある農地が相当程度存在する区域）とする
②農地法の特例の適用に当たっては，地域との調和や農地の適正かつ効率的な利用を確保するため，

　1　参入法人は，地域との役割分担等を内容とする協定を地方公共団体と締結
　2　地方公共団体等からの貸付け方式（特例的に農地法第3条の許可対象とする）
　3　農業担当の役員を設置
　4　経営開始後のチェック体制を整備（協定に違反した場合には貸付契約を解除）

を条件としたうえで，現行農業生産法人の要件は適用せず，農業生産法人以外の株式会社等の農業参入の実現による農業及び農村地域の活性化を図る

というものである（図2-1, 2-2参照）．

4.3 リース特区の認定と地域の自主性

こうして創設されたリース特区は，2003年4, 5月の第1回認定において，長野県大鹿村の「大鹿村中山間地農業活性化特区」や香川県内海町（現小豆島町）の「小豆島・内海町オリーブ特区」など16件が認定され，公共事業の減少から労働力の活用などが課題となっていた建設会社や地域の特産物を生産しようとする食品会社，第三セクター，NPO法人などが次々と農業に参入することとなった．

この特例措置には，実は地域にとって非常に重要な点が含まれている．リース特区の区域は，地方自治体が，耕作放棄地その他その効率的な利用を図る必要がある農地が相当程度存在すると認めた区域とされているが，特区の趣旨から「相当程度」について国から一律の基準は示されず，各地域の実情に応じて，地方自治体の判断で，市町村全域あるいは市町村の一部が特区に設定される仕組みとなった．したがって，申請されたリース特区の計画が認定されないという例はなかった．

このように，地方自治体にその判断が委ねられるということは，地方自治体自身が地域の実態を十分に把握していなければならないということになる．また，区域の設定に関する判断の説明責任を求められることにもなる．つまり，地域の自主性が増すということは，地域の責任が増すという側面もあり，今後は地域の人造りや体制整備が重要となってくると言える．

図 2-1 リース特区の認定

図 2-2 農業生産法人以外の法人への農地の貸付

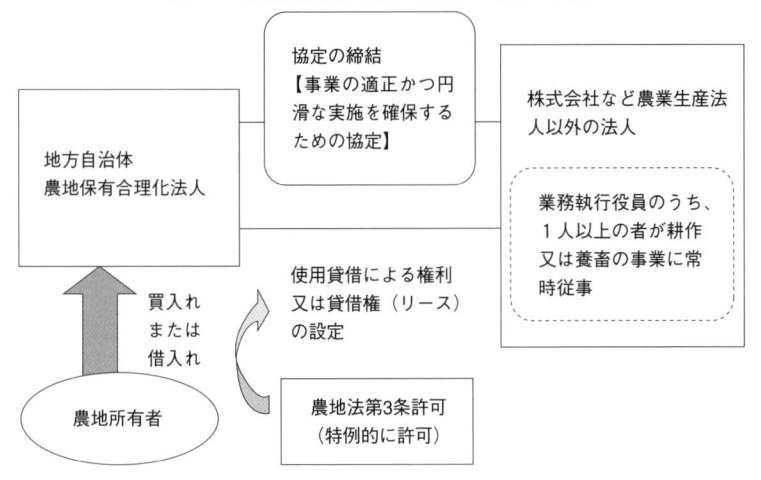

5 株式会社の農業参入をめぐる議論

5.1 食料・農業・農村基本法と基本計画

　株式会社の土地利用型農業への参入という問題は，特区制度が創設される以前から長年議論されてきた問題である．その経緯を振り返っておく．
　政府レベルでは，1997年に食料・農業・農村基本問題調査会で具体的

検討が始まった.1998 年の同調査会答申では,

「土地利用型農業の経営形態としての株式会社は,
　①経営と所有の分離により機動的・効率的な事業運営と資金調達を容易にする法人形態である
　②就農希望者を雇用者として受け入れやすいため,就業の場の提供,農村の活性化につながる
といった利点が考えられる一方で,
　①農地の有効利用が確保されず,投機的な取得につながるおそれがある
　②周辺の家族農業経営と調和した経営が行われず,集団的な活動により成り立っている水管理・土地利用を混乱させるおそれがある
等の懸念が指摘されており,株式会社一般に土地利用型農業への参入を認めることには合意は得がたい.(中略)

　このため,投機的な農地の取得や地域社会のつながりを乱す懸念が少ないと考えられる形態,すなわち,地縁的な関係をベースにし,耕作者が主体である農業生産法人の一形態としてであって,かつ,これらの懸念を払拭するに足る実効性のある措置を講じることができるのであれば,株式会社が土地利用型農業の経営形態の一つとなる途を拓くことが考えられる.」

とされた.
　この食料・農業・農村基本問題調査会の答申などを踏まえ,1999 年に制定された食料・農業・農村基本法の第 22 条では,「国は,専ら農業を営む者その他経営意欲のある農業者が創意工夫を生かした農業経営を展開できるようにすることが重要であることにかんがみ,(中略)農業経営の法人化を推進するために必要な施策を講ずる」との規定が設けられた.
　また,2000 年 3 月に閣議決定された「食料・農業・農村基本計画」では,農業の持続的な発展に関する施策において「農業生産法人の活性化及び担い手の経営形態の選択肢の拡大を図る観点から,農業生産法人の一形

態としての株式会社形態の導入を含む農業生産法人の要件の見直しを行うとともに，農業委員会の機能の活用等によりこれに伴う投機的な農地取得等の懸念を払拭するための措置を講ずる」ものとされた．

5.2　2000年の農地法改正

　これを受け，政府は農業生産法人の要件緩和などを内容とする「農地法の一部を改正する法律案」を国会に提出し，2000年11月の参議院で可決・成立し，01年3月に施行された．

　その内容は，農業生産法人について，その一形態として株式会社（株式の譲渡制限を行っているものに限る）を認めるとともに，事業範囲の制限などを緩和するというものであった．

　つまり，特区制度導入時点では，農業生産法人としての株式会社による農業参入は，条件付きながら既に認められていたのである．しかし，その条件が「株式の譲渡制限を行っているものに限る」とされていたことから，いわゆる一般の株式会社による農業参入は，引き続き認められていなかったのである．

　なお，そもそも農業生産法人がその要件を欠いた場合，最終的には所有農地などを国が買収することとされているが，農業生産法人制度の見直しに伴う懸念を払拭するため，これを補完するものとして，法人の事業内容などの農業委員会への定期報告を義務付け，要件を欠くおそれがある場合には，農業委員会が勧告を行うなどの要件適合性を担保するための措置が合わせて講じられた．

　また，この法律では，衆議院での修正で附則第7条に「政府は，この法律の施行後5年を目途として，この法律による改正後の規定の実施状況等を勘案し，国内の農業生産の増大を図る観点から，農業経営の法人化の一層の推進等の農業の多様な担い手の確保のための方策及び農地の転用制限の在り方等の優良な農地の確保のための方策について検討を加え，その結果に基づき必要な措置を講ずるものとする」と規定された（この5年後見直し規定に対応する制度改正として，農業経営基盤強化促進法における特

定法人貸付事業が挙げられる．p. 63 参照)．

なお，株式会社形態の農業生産法人は，2007 年 1 月 1 日現在で 385 法人となっている（農林水産省経営局調べ)．

5.3　リース特区の評価と全国展開

リース特区については，特区評価委員会の 2004 年度上半期調査で調査結果が報告された．農林水産省の調査では，「解決が困難な問題は認められなかったものの，特区計画作成主体等からの意見として，現時点では評価できないとするものも多く，今後，出来秋の状況を見た上で判断する必要がある」とされた．上半期では本格的な営農開始から間もなく，判断留保もやむを得ないとの報告もあり，04 年度下半期に改めて調査が行われた．

このとき，農林水産省は，第 1 回認定から第 5 回認定までの計 50 の特区（74 地方自治体）に対し弊害の発生状況などの調査を行った．同省は，リース特区導入前に，

①地域ぐるみで行われている土地・水利用の混乱等のおそれがあるのではないか，
②産業廃棄物の不法投棄等不適切な土地利用が行われる可能性があるのではないか，
③耕作からの撤退により農地の遊休化が生じるのではないか，
④現在，規模の拡大を図っている効率的かつ安定的な経営体（認定農業者等）の育成施策との整合が図りうるのか，

といった弊害の発生が懸念されていたため，リース特区ではこうした弊害の発生を防止するための措置が講じられ，その結果として，地方自治体からは弊害が発生したとの報告はなかった，と述べた．

この調査結果を踏まえ，同省は，弊害の発生を予防する措置を講じることにより，全国展開された場合も弊害は発生しないものと考えられると報

告した.

　なお，弊害の発生ではないが，一部に①資金力や人員の動員力のある企業の参入は農家を圧迫するのではないかなどの誤解があったので制度の内容を説明し，理解を求めた，②特定法人の賃借料が一般の賃借料より割高なため，契約更新時に是正することとしている――といった報告も付け加えられた.

　また，評価委員会が行った調査では，耕作放棄地の解消（20地方自治体），視察や問い合わせが増え，町のPRにつながった（13地方自治体），地域に活気が出てきた（12地方自治体）といった特区の効果を評価する報告が多数寄せられた.

　このような農林水産省，評価委員会の調査結果を受けて，政府は05年2月，リース特区について全国展開の方針を決定した.

　この全国展開の措置は，農業の担い手の育成・確保，農地の有効利用を推進する農業経営基盤強化促進法（「基盤強化法」）に特定法人貸付事業を創設することで，実現した（05年9月施行）.

　特定法人貸付事業は，農地の利用状況や担い手の状況に応じた地域の主体的な判断に基づき一般の株式会社などの農業参入を進めるという特区の考え方を踏襲する一方，特区の設定手続の過程で地域の農家を圧迫するのではないかという誤解が生じるケースがあったことなども踏まえ，市町村があらかじめ農業委員会及び農業協同組合の意見を聴いた上で定める地域の農業計画である「基本構想」に，参入区域などの事業の実施に関する事項を定めて行うこととされた.

　なお，リース特区に関しては，第6回の特区提案募集で，神戸市から「現行農地法では農地の賃貸借について法定更新の規定があり，農地所有者は一度貸すと農地が戻らないとの意識があるため，特に法人への農地の貸付けには抵抗感がある」として，「特定法人貸付事業における農地の賃貸借に係る法定更新の適用除外」の提案が出された.

　このため，基盤強化法による特定法人貸付事業は，協定の締結，農地の貸付方式など，一般の株式会社などの農業参入の仕組みはリース特区と同

様としつつ,市町村などによる農地の借入れおよび法人への農地の貸付けについて,農地法第3条の許可による賃借権の設定のほか,農地法第19条の法定更新の規定(農地の賃貸借は更新しない旨の通知をしないときは,従前と同一の条件で更に賃貸借をしたものとみなす)が適用されない基盤強化法第18条の農用地利用集積計画による賃借権の設定も行えるよう,同時に対応が施された.

5.4 農業参入の現状と効果

リース特区によって,同特区の全国展開前の2005年5月の時点で107の法人が新たに農業に参入した.また,全国展開後の07年3月の時点ではその数は206法人となった.

その内訳を組織形態別にみると,株式会社110,有限会社54,NPO法人その他42となっており(図2-3),業種別には建設業76,食品関係46,その他(NPO法人や第三セクター,サービス業など)84,営農類型別には,野菜84,米麦等38,複合35,の順となっている.

参入のパターンとしては,①地場の建設業者が余剰労働力の有効活用を図るため,あるいは地域振興の観点から市町村などの働きかけを受けて,②食品産業が高品質の原材料を安定的に確保するため,③NPO法人などが農作業体験の機会を作るため,あるいは都市と農村の交流のため,が主なものとなっているが,リースを受けている農地のうちの過半は,耕作放

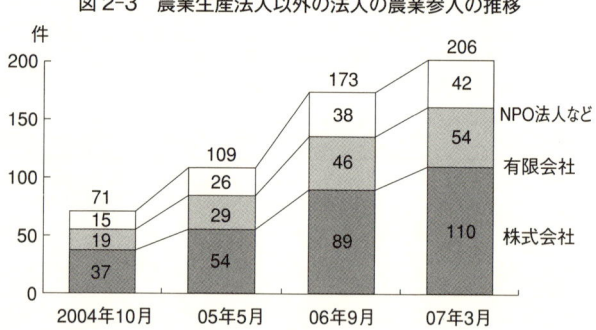

図2-3 農業生産法人以外の法人の農業参入の推移

年月	株式会社	有限会社	NPO法人など	合計
2004年10月	37	19	15	71
05年5月	54	29	26	109
06年9月	89	46	38	173
07年3月	110	54	42	206

棄地や耕作放棄されるおそれのある農地であり，一般の株式会社などの参入が地域における耕作放棄地の解消・発生防止につながっていると考えられる．

また，一般の株式会社などの参入により，産地の維持が困難になりつつある地域特産物の生産振興が図られている，あるいは他の規制の特例措置との組み合わせにより，地域の特色を活かした新たな産業づくりや都市農村交流の拡大による地域の活性化につながっている例も多く見られる（主要な事例は本章末参照）．

6 農業の体質強化のために

リース特区を契機として，一般の株式会社などが農地リース方式で農業に参入するようになり，農地の有効利用と，地域の特色を活かした農産物の生産振興や新たな産業づくりなどによる地域活性化に効果をあげている．また，参入法人に対しては地域から「きちんと農業を行ってもらっている」と評価されているものも多い．

このため，2006年4月の食料・農業・農村政策推進本部で決定された「21世紀新農政2006」の中で，国内農業の体質強化などを図るため，意欲的な企業や若者の農業への新規参入を促進することがうたわれ，参入法人数を5年間で3倍増の500法人にする目標が掲げられた．

また，「基本構想」に特定法人貸付事業の実施を位置付けた市町村は，07年3月現在で約700市町村と全市町村の約4割となっており，今後さらに地域の主体的な判断により一般の株式会社などの農業参入が進められていくと考えられる．

一方で，農林水産省のアンケート調査によると，新たに農業に参入した株式会社などの農業経営の状況をみると，参入後まもないこともあり，総じて経営的には厳しい状況となっており，参入した株式会社の一部からは，「市町村から荒廃した農地を押し付けられた」「市町村から勧められて参入したが参入後は用水の確保などについてまったくフォローしてくれない」

といった声も聞かれる．また，特区の全国展開後は，「市町村が受入れに積極的に対応してくれない」という参入希望法人側の声もある．いずれにしても，農村地域においては，企業の農業参入についての抵抗感がいまだに残る．民間活力の活用により農地の有効利用と地域の活性化を図っていくためには，市町村の果たす役割が大きい．

　農業分野においては，新たな就農希望者の受入れ，農地の保全，都市・農村交流などによる地域の活性化という観点から，リース特区，下限面積の特例措置，市民農園特区（以上は，いずれも05年9月に全国展開された），どぶろく特区，さらには農家民宿での簡易な消防施設容認特区などの特例措置が組み合わせて活用される場合が多く，地域独自の取り組みとも合わせた，多様な施策が行われていることが特徴である．

　このことは，特区制度の下で，地域の要望を踏まえた個々の規制緩和はもちろん重要であるが，同時に関連する規制を含めた規制緩和をトータルに行うことが重要であることを示している．

〈教育分野・農業分野の特区例〉

■教育

Ⅰ：群馬県太田市の「太田外国語教育特区」

　海外に現地法人を設置している企業が数多く立地しているという特有の地域事情を背景に，国際化時代に対応できる人材を育成するため，市内に私立の小中一貫校を開設し，生きた英語，使える英語の習得に特化した教育を行うもの．

　具体的には，小学校1・2年生には英語の特別授業を行い，小学校3年生以上は「英語科」を設ける．また，国語と総合的な学習の時間を除く，各教科の授業を英語で行う．検定済み教科書の英語版を教科書として用いている．

Ⅱ：神奈川県横浜市の「不登校等生徒支援教育特区」

　地域の小中学校において，在籍児童生徒数に占める不登校児童生徒の割合が全国平均より高い，という地域の課題に対応し，学校法人国際学園が設置する不登校生徒を対象とした中学校で，生徒の実態に応じたきめ細かな指導を行うため，学習指導要領の基準によらない教育課程を編成し，実施．また，引きこもりなどにより登校が困難な生徒に対し，継続した学習環境を保証し，支障なく復学できるよう，ITを活用した学習活動を可能としている．

Ⅲ：長野県天龍村の「地域と一体化したプロジェクト教育推進特区」

　地域の過疎化，少子高齢化が深刻であり，児童生徒数の急激な減少で，3つの小学校と1つの分校を統合した．これに伴って廃校となった小学校舎を，もともと体験学習を中心とした癒しの教育を実践しているNPO法人「どんぐり向方塾」が設立する「学校法人どんぐり向方学園」に貸与した．どんぐり向方学園においては，全国の不登校児童生徒，LD（学習障害），ADHD（注意欠陥多動性障害）の子供たちやその他一般の子供たちを幅広く受け入れることとしている．これにより，子供の数を増やしつつ，学校を地域の高齢者とのふれあいの場としても活用することで，地域の活力や元気を取り戻す狙いもある．

Ⅳ：兵庫県養父市の「響きあう心　拓く明日　但馬中央の郷――養父市教育特区」

　株式会社立の広域通信単位制高等学校を設置し，学習カリキュラムにボランティア活動を組み入れ，農林業などの体験学習を行う．体験学習では地域の中・高年齢者が指導者となり，地域と連携した学校づくりによる中・高齢者を中心とした「生きがい・楽しみ・誇り」を醸成し，教育を核とした地域活性化を推進する．また，社会人を対象とした福祉・保育分野での人材育成のための専攻科を設置し，少子高齢化の進展に伴う福祉・保育の需要と教育分野を連動させ，安心して子育てができ，高齢者や障害者

などを地域で支えるまちづくりを推進する．

■農業

Ⅰ：山形県飯豊町「東洋のアルカディア郷再生特区」

既存の耕地の有効利用によって，付加価値の高い新たな産業の創造や交流人口の増加を目指した．リース特区，どぶろく特区を利用して，温泉宿泊施設を経営する町の第三セクターと民間旅館が，耕作放棄が危惧されていた農地を借り入れ，そこで生産した米をどぶろくに加工・販売．全国どぶろくコンテストでの入賞，どぶろくを利用したソフトクリームの製造などで好評を得ている．

Ⅱ：岩手県遠野市「日本のふるさと再生特区」

民話のふるさと・遠野は「日本のふるさと」としてのまちづくりを進め，交流人口の拡大を図ってきたが，観光客数が伸び悩み，また，農業従事者の高齢化などから，耕作放棄地の増加が懸念されていた．

このため，地域資源を活用して都市との交流を拡大する「ぬくもり」と「もてなし」の心でつくる遠野ツーリズムの推進，地域に根ざした自発的な取り組みによる産業の活性化のための「おもしろさ」と「やる気」を感じる新たな起業の促進を目的に，リース特区，下限面積特区，どぶろく特区などの認定を受けた．

同特区では，認定後2005年までに，株式会社などの農業参入3社，農業生産活動での雇用人数8人（特区認定前0人），新規就農11件（特区認定前0件），自家製による酒類製造4件などの新たな動きが生まれ，また，どぶろく特区として広く紹介されたことによる観光客の増加などによって，遠野市では，特区による波及効果は2億円を超えると試算している．

Ⅲ：鹿児島県南さつま市（旧加世田市）「砂丘地域再生振興特区」

耕作放棄地の増加と担い手不足という農政課題が顕在化する一方で，地元建設業は事業発注の減少と，それに伴う余剰労働力の有効活用を余儀な

くされ，農業分野への進出による経営の多角化を模索していた．

このため，砂丘地域の耕作放棄地を計画的に再生・復元するとともに，農外企業などの法人を含む多様な担い手の農業経営への参入と市民農園の開設の多元化を通じて，砂丘文化の再生と農業教育力の発揮エリアとしての「農村文化公園」を建設することを目的に，リース特区と市民農園特区の認定を受けた．

同特区（全国展開後も含む）では，これまでに市内や近隣市町村から建設会社など15法人が農業に新規参入し，JAと協調しつつ砂丘らっきょうなどの生産が行われている．これにより，合わせて約15ヘクタールの耕作放棄地が再生され，雇用拡大のほか，生産農家の高齢化などで目減りしていたらっきょうの地域全体としてのロット拡大にも貢献している．また，参入した建設会社にとっても，らっきょう栽培の繁忙期は本業の閑散期に当たることから，余剰労働力を活用した経営の多角化につながっている．

さらに，市民農園特区を活用して生協が組合員を対象にした市民農園を開設するなど，食農体験機能の充実による地域の活性化も図られている．

3 特区制度の将来像
地方分権の深化とともに

　2002（平成14）年12月に施行された構造改革特区制度は06年には5年目を迎え，07年2月の第10次提案までに，951件の規制改革（うち，特区の特例措置370件）を実現するとともに，07年5月の第14回認定までに，累計で963件の特区が実現した．この過程において，農業，医療，教育といった分野における株式会社参入など，これまでの規制改革の議論の中で実現できなかったテーマについて，特区が規制改革の突破口としての役割を果たすとともに，構造改革のうねりを全国に波及させるツールとしての役割を果たしてきた．他方で，地域からの提案の実現数の減少や内容の小粒化，迅速な特区の全国展開による特区の減少など，さまざまな課題が指摘されている．

　本章では，こうした課題について明らかにするとともに，今後の特区制度の可能性について展望する．

1　現状と課題

　構造改革特区制度は，もともと，

I 構造改革特区制度と地域の自立・活性化

- 特区制度により実現した規制の特例措置は，規制の特例のメニューとして未来永劫存在できるものではない．
- 認定された特区計画も，規制の特例措置の全国展開により，特区から卒業せざるを得ない．

という宿命を制度的に内包している．

こうした中で，制度のダイナミズムを維持していくためには，地域からの提案を受けて，地域にとって魅力的な新たな規制の特例措置という商品をいかに生み出していけるかが大きなポイントとなる．しかしながら，制度見直しの過程で地方自治体や民間の経済団体から寄せられたさまざまな指摘に照らしても，この点に大きな課題を抱えていると言わざるを得ない．したがって，まずこの点について分析するとともに，問題解決のための方向性を明らかにする．

1.1　地域や民間からの見直し要望

構造改革特区制度見直しに当たっては，広くユーザーサイドからの意見・提言などを募り，制度の置かれた現状と課題を抽出し，見直しの方向性を明らかにしようとした．そこで構造改革特区推進室では，2005年11月までに認定された709件の特区にかかわる地方自治体に対しアンケート調査を実施するとともに，全国知事会，全国市長会などの地方6団体や，構造改革特区に積極的に取り組んでいる市町村長で構成する構造改革特区推進会議などとの間で数次にわたり意見交換を行った．また，経団連，商工会議所，青年会議所，ニュービジネス協議会など多くの経済団体や民間団体とも意見を交換した．

これらを通じて出た要望に共通するのは，特区制度の継続を求める声であったが，同時に提案制度や評価制度について，実態に即した厳しい指摘がなされた．このうち，主なものを挙げると

①特区提案の実現数が減少しているのではないか．

②これに関連して提案数そのものが減少し提案内容も小粒化しているのではないか．
③提案の処理プロセスの縦割り化により提案内容のうち一部しか実現していないのではないか．
④国から地方，都道府県から市町村への権限移譲に係る提案が実質的に実現していないのではないか．
⑤現行制度で対応可能とされたものについて，国や都道府県など関係機関との関連において現実に実施することが困難なケースが多いのではないか．
⑥規制改革・民間開放推進会議のような第三者機関が必要ではないか．
⑦提案者が直接意見を述べる機会を設けるべきではないか．

などである．提案制度に係る指摘が多くなされているのが特徴的である．
　構造改革特区制度においては，特区提案を受けて規制の特例措置が実現して初めて，その提案が地域において実現可能となるものであるが，この点がなかなか進まないことに対する地域や民間の苛立ちがうかがえる．これらの指摘に対してどのように応えていくかが，今回の制度見直しの中での最大のポイントとなった．
　また，

⑧規制の特例措置の全国展開に伴う特区計画取消の急増により，特区計画認定への意欲を低下させているのではないか．
⑨地理的・社会的な特性や独自の創意工夫を活かした特区については，提案の趣旨を尊重すべきではないか．
⑩先行して規制改革を行おうとする意欲的な地域にとってメリットが少ないのではないか．

など，速やかな規制の特例措置の全国展開を前提とすることについて，疑問の声も多くあった．構造改革特区制度のそもそもの法目的とも関連して，

今回の制度見直しの議論の中で,もう一つの大きな論点となった.

1.2 提案制度の課題と見直しの方向性

前述したように,地域や民間からの指摘を要約すると,

①提案の実現数の減少
②提案の実現内容の小粒化
③提案処理の縦割り化(提案内容のうち一部しか実現していないのではないか)
④権限移譲に係る提案が実質的に実現しない
⑤提案の実現に向けた第三者機関の関与の必要性
⑥提案処理プロセスにおける提案者の関与の必要性

ということになる.
　こうした指摘を受ける一因として,構造改革特区制度スタート当初の華々しいイメージと現状とのギャップがあることは否定できない.すなわち,危機的な財政状況の中,財政出動による経済活性化ではなく,規制改革による経済活性化を命題とした当時の小泉政権において,それをどのように実現していくかは大きな課題であり,そのためのツールとして構造改革特区が使われたという側面は否定し得ないからである.すなわち,農業,教育,医療などの分野での株式会社参入や,国際港湾での規制緩和など,賛否両論あり,いきなり全国での実現が困難なテーマについて,「まずは特区でやってみる」という結論に至ったことが,スタート当初の特区制度に大きな追い風となったからである.
　しかしながら,先述した指摘に対する全ての原因を「風」が止んだことに求めるわけにはいかない.
　見直すべき点としてまず,提案募集段階で,地域の声を引き出す取り組みの強化が必要である.現在でも提案募集時には構造改革特区推進室が地方を回るキャラバンなどを実施しているが,より一層提案者の相談に親身

に対応することにより，提案者の思いを一緒に交通整理し，規制所管省庁に対して説得力のある提案にしていくことが重要である．また，現在は特別テーマの設定をせずに提案募集を行っているが，今後は，重点的に取り扱うテーマを示した上で，提案を引き出す工夫も必要であろう．もちろん，地域の，また民間の自由な発想を引き出すことは当然のことであるが，政府として明確なメッセージを発出することにより，地域における，また民間における議論の活性化を引き出すことも重要である．

次に，提案の受付について，現状でも構造改革特区推進室と，全国レベルでの規制改革提案を受け付ける規制改革・民間開放推進室とは連携して進めているが，提案者の便宜を図るためにも，受付窓口の一本化を含め，より連携を深める必要がある．地域から見たときに，政府内のどこの部局が対応するのかは政府の中の役割分担の問題である．地域の提案者からの問い合わせを「たらい回し」にして，提案者，相談者の思いを損なうようなことはあってはならない．

さらに，構造改革特区推進室が提案者に代わって行う規制所管省庁との折衝の改善である．特区制度の要であり，制度を活かすも殺すも全てはこの折衝にかかっていると言っても過言ではない．提案の実現数の減少や処理の縦割り化といった指摘は，構造改革特区推進室自身の問題でもある．そうした視点から，

①提案の各省庁への投げかけが，縦割りかつ事務的になっていないか．
②各省折衝の過程で提案者の思いを受けた論理の補強ができているか．

について，十分に検証し，室内の体制を強化する必要がある．と同時に，各省庁が抱える喫緊の課題などについて日頃から十分に情報収集しておく必要がある．規制所管省庁にはそれぞれの主張がある中で，提案者の思いを少しでも実現していくためには，両者の主張に対する深い理解に立った，「こういう弊害防止策を講じれば規制緩和が可能ではないか」といった代案の提示をどれだけできるかが鍵になるからである．

また，提案処理プロセスそのものの強化策も必要である．従来は，提案を受け付けてから３カ月程度と期間を限定して折衝を行ってきた．これは，予め期限を設定することにより規制所管省庁に速やかな検討を求めると同時に，提案者に速やかに回答を示すために行っているものであり，スピード感を持って対応し，いたずらな引き延ばしを防止するためにも必要な対応だが，他方で，期間を限定するために時間切れとなって十分に折衝しきれなかったケースもあった．

　そこで，まずは従来どおり３カ月程度の期間で集中的に折衝を行って一定の結論を出した上で，構造改革特区推進室としてさらに継続して追うべきと判断した事項について，継続的に折衝する道を拓くことを検討すべきである．規制所管省庁が最後まで「対応不可」と主張した事案のうち，なお時間をかければ折衝の余地があると判断する事案については，例えば構造改革特区の評価委員会のような特区制度に対し深い知見を有する第三者機関の場で議論することも必要である．

　その際，提案者から希望があれば，直接提案者の意見を聴く場を設けることも一案である．これまでは，規制所管省庁による圧力に対して提案者が萎縮し，提案を取り下げる事態を防止するため，規制所管省庁と提案者が直接折衝することを禁止し，構造改革特区推進室が提案者に代わって折衝を行ってきた．いわゆる提案つぶしを避けるためにも，こうした配慮は今後も必要であろうが，提案処理プロセスの過程で直接，規制所管省庁と折衝し意見表明を希望する提案者に対しては，何らかの形でこれを実現する場を設けるべきである．第三者機関での議論の過程において，提案者と規制所管省庁が意見を戦わせる場を設けることも一案だろう．

1.3　評価制度の課題と見直しの方向性

　評価制度についての地域や民間からの指摘は，特区の全国展開によって地域が知恵を絞った特区計画が取り消されるため，創意工夫溢れる取り組みへの意欲を減退させ，特区提案数の減少や特区計画の申請数の減少につながっているのではないか，という点に尽きる．

前述したとおり，規制改革を全国に広げるための突破口としての特区制度である以上，避けて通れない宿命的な点である．速やかな全国展開という原則を定見なく外すことは，特区の特例そのものが一種の既得権益と化し，気がつけば新たな規制となっていたという事態になりかねず，「特区の特例を，特区提案により規制緩和する」などというパラドックスを引き起こしかねないからである．

しかしながら，例えば「どぶろく特区」のように，地域ブランドの象徴として地域の活性化に大いに寄与する事例が出てきているのも事実である．こうした分野については，地域を限定して特区認定を受けているからこそ，地域ブランドとしての価値が出てくるのであって，全国展開により特区を取り消してしまっては，地域の活性化という特区制度のもう一つの法目的が実現できなくなる恐れがあるのである．

この点については，評価委員会からも意見表明がなされている（07年1月16日評価委員会意見）．そのポイントは，

○特例措置の内容に応じた評価時期の設定
○特例措置の全国展開の際，その要件，関連する規制等についても十分に検討
○全国展開しても適用の拡大が見込めないものは全国展開の対象から除外
○地域活性化の観点からも，特例措置の在り方を検討

である．

こうした地域や民間からの指摘や評価委員会からの意見も踏まえ，最終的には全国での規制緩和につなげていくべきとの原則は維持しつつ，

○「どぶろく特区（濁酒の最低製造数量要件の緩和）」のように，地域性が強く，規制改革の突破口というよりは地域活性化に主眼のある特例措置については，全国展開の時期を弾力的に設定する．

I 構造改革特区制度と地域の自立・活性化

○「英語教育特区，小中一環教育特区（教育カリキュラムの弾力化）」のように，教育カリキュラムの弾力的な設定による効果や弊害の検証に十分な時間を要するものについては，全国展開の時期を弾力的に設定する．

というのが現状の見直しの方向である．

2 特区制度と地方分権改革

2.1 東京市政調査会からの提言

こうして，構造改革特区制度見直しの議論が深まる中で，07年1月22日，東京市政調査会から，「構造改革特区制度の改善に向けた提言」が出された．提言は4つのポイントから構成されており，今後の構造改革特区制度の展開を考える上で，示唆に富んだ内容となっている．

【提言1】規制改革を目的とする特区制度にもかかわらず，第一次地方分権改革の趣旨を正しく理解せず，新たな規制を「創出」している運用がみられる．政府には，特区法や関連法令の趣旨に反した運用を改め，再発防止の措置を強く求める．
【提言2】特区法の目的に「地方分権の推進」を明確に位置づけるべきである．
【提言3】提案に対する所管省庁からの回答を監視する第三者機関を設置すべきである．
【提言4】評価委員会の活動は，特例措置の全国化に専念するのでなく，本来の客観的な「評価」の役割に立ち返るべきである．

このうち，【提言2】については，地域からの声にもあるように，地方分権改革の突破口としての期待は大きいものがあり，構造改革特別区域基

本方針にその重要性を明記するなどの措置を講じつつ，今後取り組むべき重要テーマとして位置づけるべきである．

【提言3】と【提言4】についても，先述したように，提案制度の見直しと評価制度の見直しの中で対応する予定である．

ここでの問題は【提言1】である．そのポイントは，次のとおりである．

○自治体の自治事務に対する「通達・通知」をあたかも法令に準じる規制根拠をもつものであるかのように取り扱い，特例措置を設けるケースが多数確認されている．
○地方分権一括法施行後においては，これらの通達・通知は，「助言又は勧告」にすぎず，法的拘束力をもつものでないため，特区制度の対象となる「規制」には該当しないはずであり，特区の認定を受けるまでもなく，自治体みずからの法令解釈により事務処理が可能と考えられるケースも存在する．
○にもかかわらず，特区の申請・認定手続きを必要とさせることは，新たな「規制」の創出につながる．
○内閣官房・内閣府ならびに所管省庁は，今後このような特区制度の運用を是正するよう強く求める．

そして，「規制改革・分権改革の趣旨に反し，新たな規制「創出」につながっている特例措置（全国展開済みを除く．2006年12月末時点）」として，次の6つが指摘されている．

・劇場等における誘導灯及び誘導標識に関する基準の特例適用事業（消防庁）
・学校設置非営利法人が不登校児童等の教育を行う学校を設置する場合における教員配置の弾力化事業（文部科学省）
・公立保育所における給食の外部搬入方式の容認事業（厚生労働省）
・保安林解除に関連した事業（一部）（農林水産省）

・高圧ガス製造施設の自主検査対象拡大事業（経済産業省）
・重量物輸送効率化事業（国土交通省）

　確かに，東京市政調査会の指摘のとおり，自治体の自治事務に関して法令所管省庁が発出する通達・通知は，助言・勧告に過ぎず，法的拘束力を持つものではなく，特区の認定を受けるまでもなく，自治体が自己の判断と責任において，自主的に処理可能なケースは多いと考えられ，これらについては，速やかに全国展開を図り，自治体の自主的な運用に任せるべきである．しかしながら，何故に，これらの項目について提案が出て，構造改革特区での実現という形になったのか，その背景を分析する必要がある．
　すなわち，地方分権一括法の施行により，自治体の自治事務に対する各省庁の「通達・通知」は，法的拘束力のない助言・勧告に過ぎなくなり，自治体自らの法解釈により地域のニーズに対処できるようになったはずなのだが，現実には，各省庁が法令の解釈を「通達・通知」という形で示し，これに，国の出先機関も都道府県も事実上縛られ，市町村や地域の民間事業者が「こういうことをやりたい」と相談しても，「通達・通知」を根拠に「好ましくない，望ましくない」として否定的な対応を行うため話が前に進まず，その結果として特区提案に持ち込まれたという事情がある．
　こうして出てきた特区提案については，その実現に向けて構造改革特区推進室が全力を傾けるべき立場にある．本来であれば，これらの提案については，自治体の判断に委ねられていることを確認する「現行制度で対応可」との整理が，あるべき対処方針だったと考えられる．しかしながら，関係省庁の反対圧力が強い中で，自治体が当該提案を実施するには，

　○一定の代替措置を講じた上で，特例措置を，全ての国務大臣が構成員である構造改革特別区域推進本部で決定し，
　○構造改革特区計画の認定プロセスにおいて，関係省庁の同意を得て認定する．

というスキームを活用せざるを得なかったのである.

もちろん,分権改革推進の立場からは,自治体の自治事務について,国のお墨付きがなければ自治体の事務処理ができないという事態は,容認できないことは言うまでもない.しかしながら,各省庁が示す法解釈の呪縛,また有形無形の圧力があまりにも強すぎるがゆえに,駆け込み寺として特区提案窓口に多くの自治体が駆け込んできたという事実を重く受け止める必要がある.こうしたケースについて,構造改革特区推進室が「それは自治事務なので自治体自らの自主的判断によりできるはず」とだけ事務的に回答し突き放してしまっては,国はどこも真摯に相談に乗ってくれないのかとの印象を自治体に与え,かえって自治体の創意工夫による取り組み,改革への意欲を阻害しかねず,分権改革にもマイナスになりかねないからである.

今後は,まず,指摘を受けている特例措置については,評価委員会において多面的な検証を行い,速やかに全国展開を図っていくべきである.次に,こうした類型に属すると考えられる提案があった場合には,特区という出口ではなく,法令所管省庁との間で自治体の自主的な処理により判断できることを確認した上で,場合によってはそのことを確認する通知を法令所管省庁から発出させることも含め,対応を考えていくべきである.本来であれば当たり前のことを通知させること自体,議論が分かれるかもしれない.しかしながら,分権改革に実を入れていくためにも,地方からの駆け込み寺としての機能,そしてやる気のある地域を応援し後押しする機能が必要であり,こうした機能が政府内における構造改革特区推進室に求められているからである.

そして,こうしたことこそ,第一次地方分権改革後,第二次地方分権改革が始まろうとする中において,構造改革特区制度が果たすべき一つの重要な役割ではないだろうか.

2.2 第二次地方分権改革との連携

2007年の構造改革特区法改正により,構造改革特区制度は5年間延長

され，11年度までとなった．地域からの身近な提案に応えていくことは極めて重要な課題であるが，他方で国の政策の方向性に合致した骨太なテーマを設定し，その実現に向けたムーブメントを引き起こしていくことも，特区を再活性化させる意味で重要である．

こうした観点から見て重要なテーマの一つに，第二次地方分権改革との連携が考えられる．地方分権改革推進法が06年12月に成立し，7人の委員からなる地方分権改革推進委員会が07年4月に設置され，地方分権改革推進計画作成のための具体的な指針を政府に勧告し，政府はこれを受けて地方分権改革推進計画を策定することになっている．

今後，まずは地方分権改革推進委員会において，国と地方の役割分担の見直しや，国の関与・国庫補助負担金の廃止・縮小などに向けた議論が始まるが，ここでの議論に多面的な検討材料を提供するという観点からも，構造改革特区の提案制度において地方分権改革をテーマに積極的に提案を募集し，個別具体的に地域が困っている事案とこれに対する関係省庁の主張を整理することにより，どのような観点から国と地方の役割分担の見直しが必要か，また，どのような点で国の過剰な関与が依然として存在し，地域の自由な発想と取り組みを阻害しているのかを明らかにしていく必要がある．

もちろん，構造改革特区制度の中で個別の分権改革に資する提案を一つでも多く実現していくことも重要である．しかしながら，これまで権限移譲に関する提案が数多く出されながらなかなか実現してこなかった背景の一つに，当該提案の実現が国と地方の役割分担の抜本的な見直しや個別法そのものの抜本的な見直しにつながりかねないという関係省庁の懸念があったことは否定できない．であるならば，今後の提案処理プロセスの中で，こうした理由で関係省庁が対応不可と主張する提案については，評価委員会で継続して議論するだけでなく，地方分権改革推進委員会との連携も視野に入れながら，対応していくべきである．

2007年の特区法改正では，地方自治法の事務処理の特例に関するものと，「地方教育行政の組織及び運営に関する法律」における学校施設の管

理及び整備に関するものについて，個別の規制の特例措置が追加されたが，このことをみても，この分野に関する地域のニーズの高さを示している．推進しなければならないテーマである．

2.3 アジアとの交流促進

もう一つのテーマは，構造改革特区の本来の目的である地域経済の活性化をどのような観点から進めるかである．この点については，海外，とりわけアジアとの経済・産業の交流を核とした地域経済の活性化に着目すべきだろう．既に多くの地域で，さまざまな観点からアジアとの交流を深める取り組みが始まっている．アジアからの観光客の積極的な受け入れ，アジアの企業の国内誘致，アジアからの研究者の積極的な受け入れ，アジアへの果物・野菜など農産物の輸出拡大など，さまざまな地域独自の活動がみられる．このような流れを国として積極的に後押ししようと，政府のアジア・ゲートウェイ戦略会議でも議論されている．

例えば北九州市の国際物流特区においては，アジア諸国に近いという地理的優位性や新たに整備された港や空港などの物流基盤に，特区による規制緩和を付与することで，産業の集積，港湾の国際競争力の強化を目指し，地域経済の活性化を図る取り組みが行われてきている．北九州市の場合は，もともとやろうとしていたプロジェクトを実現していく過程において，プロジェクト型の構造改革特区提案を積極的に行い，これにより実現した規制の特例措置を次々と活用して事業を実施していった事例であるが，このような施策を現在進行中の，またこれからスタートしようとする各地域での取り組みにいかに広げていくことができるのかが鍵になる．

貿易手続きの簡素化・効率化，高度人材の受け入れ促進など，さまざまなテーマが考えられるが，例えば高原野菜や果物を，国内のみならずアジアに輸出しようと取り組む地域において，農業の担い手不足や貿易手続きが悩みの種となっているケースがある．特に園芸農業における担い手不足は深刻で，アジアからの研修生受け入れは喫緊の課題となっているが，研修生の身元保証を確保し，また彼らの健康を守る観点から，一定のルール

を設けているため，地域の実情に必ずしも沿わない側面が生じていることも事実である．こうした地域では，特区に対する期待感は，根強いものがある．

政府全体のアジアとの交流推進のための施策強化の中にこれらの特区提案を位置づけて，特区提案の折衝過程で，各省庁から前向きな回答を引き出すことが必要である．

3　地域活性化ツールとしての期待

今後，地域の声により積極的に応えるために設けられた地域活性化応援隊や構造改革特区推進室のキャラバンで国の担当者が全国各地域に出向いた際に，地域のニーズを汲み取り，それらを前向きな特区提案に結び付けていくことができるのかが大いに問われることになろう．ただ黙って待っていても提案は出てこないし，「全部自分で調べて考えて提案してください」では誰も提案してくれないのであって，地域で頑張っているが，制約にぶつかって困っている人たちのニーズを汲み取り，事前相談の中で，問題の所在とポイントを一緒になって整理をして，特区提案として各省庁にぶつけることができるレベルに磨いていけるのかが，大きな鍵となる．

構造改革特区は規制改革の突破口としての役割は依然として大きいものの，地域のニーズを汲み取り地域を活性化するツールとしての期待感が，今まで以上に高まっている．これは，「地域」からの提案を受け，「地域」を限定して特別区域を設定し，「地域」（地方自治体）が特区計画を作成し，内閣総理大臣の認定を受けるという，構造改革特区の制度スキームに起因するものである．すべての基本に「地域」がある以上，地域が頑張るための手段としての要素が色濃くなっていくのは，ある種必然的なのであり，国の政策論として捉えたときに，経済政策としての側面よりも地域政策としての側面が強まってくるのは，やはり当然の展開なのである．

特区制度を生かすも殺すも，まずはこの制度を使って頑張ろうという地域の意志があるか否かであり，そしてまた，地域の意志を受けて，構造改

革特区推進室が地域と国との架け橋になれるか否かにかかっているのである．

― *Column* ―

グローバル化・少子高齢化と地域

■ 地域を取り巻く３つの課題

　現在，わが国では，急速な高齢化および少子化による人口減少が予測されている．

　厚生労働省の推計によると，今後，絶対的な人口減少とともに，「若者の激減と高齢者の激増」という劇的な変化が生じる（図A）．2020年頃以降には，さらに大幅な人口減少が懸念されている（図B）．

　経済の視点からは，これらの動きは市場の変容・縮小および経済活動の水準の低下をもたらすことになる．しかも，その影響は全国一律ではないため，地域によっては人口が大幅に減少し，地

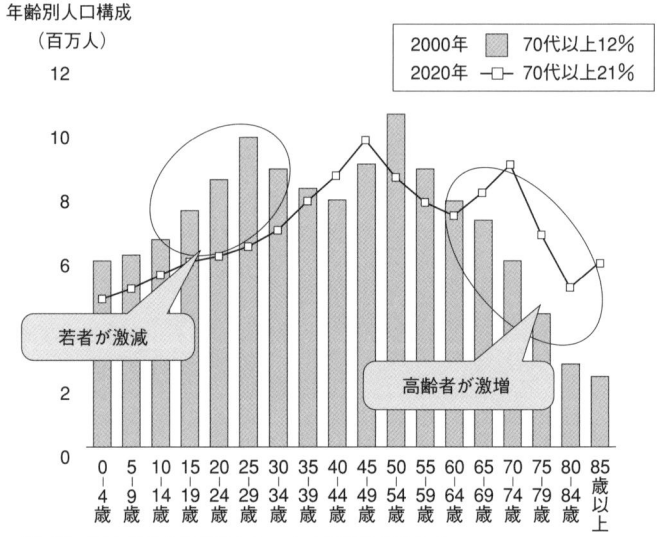

図A　日本の少子高齢化の予測

年齢別人口構成（百万人）

凡例：2000年　70代以上12％／2020年　70代以上21％

若者が激減

高齢者が激増

横軸：0-4歳, 5-9歳, 10-14歳, 15-19歳, 20-24歳, 25-29歳, 30-34歳, 35-39歳, 40-44歳, 45-49歳, 50-54歳, 55-59歳, 60-64歳, 65-69歳, 70-74歳, 75-79歳, 80-84歳, 85歳以上

（出典）厚生労働省資料等より日本政策投資銀行作成．
2020年は国立社会保障・人口問題研究所中位推計．

域社会の維持が難しくなることも懸念される（図C）．また，現在は比較的高齢化率の低い都市圏での急速な高齢化も予測され，その対応が大きな課題となる．さらに，大都市圏・地方中枢・中核都市の一部では，中心部への過度の人口集中により，地域全体の長期的展望を欠いた開発が進むおそれもある（図D）．さらにその副次的影響として，過疎と過密の差が一層拡大し，高齢化・少子化の問題をさらに深刻化する可能性がある．

地域には，こうした経済環境の変容に対応するため，地域の戦略を立案し実践する担い手が不可欠である．従来，地域でのプロジェクトは，公共事業であれ民間事業であれ，特定の主体がすべてのリスクを負って事業を進めることが多かった．しかしながら現在では，最も有力な担い手であった行政が財政制約の深刻化に

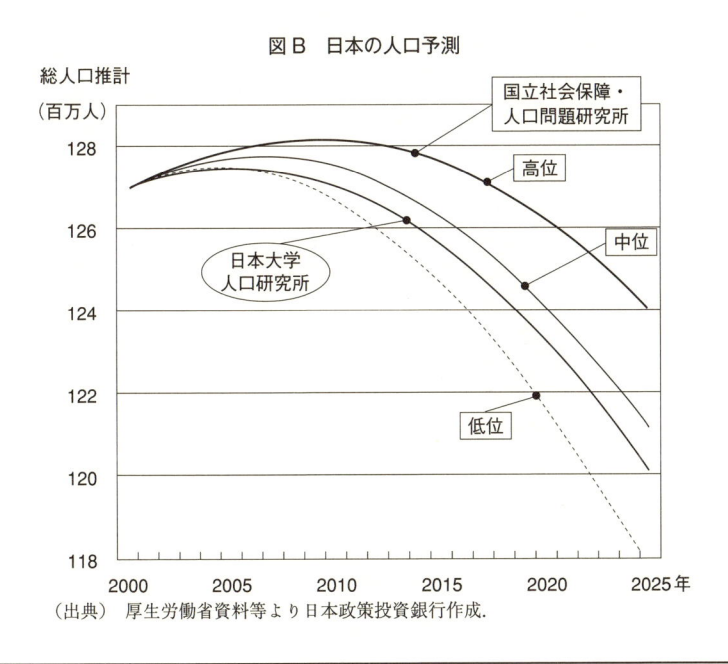

図B　日本の人口予測

総人口推計（百万人）

（出典）　厚生労働省資料等より日本政策投資銀行作成．

直面し，包括的なリスク負担が難しくなりつつある（図 E）.
　さらに，民間企業でも，収益の低迷，会社制度・会計制度の厳格化，競争の激化などにより，リスクとリターンを明確化する要請が強まっており，役割分担とそれを確保する仕組みの工夫が重要となってきている．

　国際化，情報化の流れはすべての分野に広がり，人や企業は，自分の行動を決めるにあたり，世界各地の豊富な情報をもとに，地域を選ぶことができる．いわば「地球規模での地域間競争」となってきている．例えば，海外資金が地域の企業や不動産に投資するケース，企業立地にあたってのアジアと国内の地域の競争などはもちろん，観光集客では日本人の海外旅行の国内観光への影

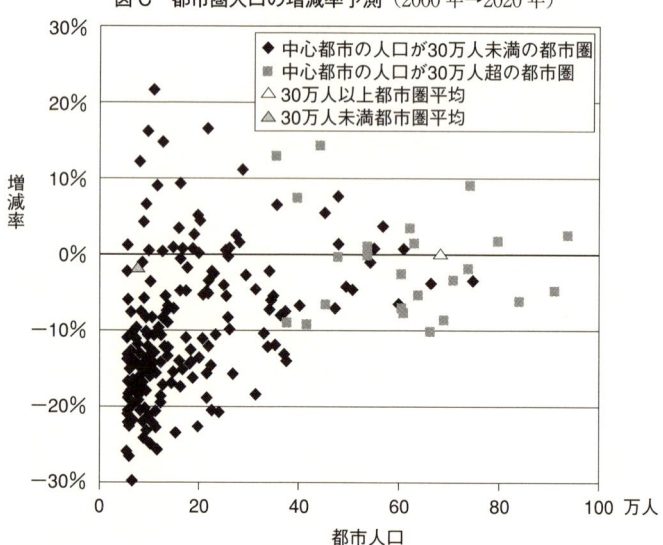

図C　都市圏人口の増減率予測（2000年→2020年）

凡例：
- ◆ 中心都市の人口が30万人未満の都市圏
- ■ 中心都市の人口が30万人超の都市圏
- △ 30万人以上都市圏平均
- ▲ 30万人未満都市圏平均

縦軸：増減率（-30%〜30%）
横軸：都市人口（0〜100万人）

（出典）　総務省資料，統計情報研究開発センター資料等より日本政策投資銀行作成．

コラム　グローバル化・少子高齢化と地域

響だけでなく，海外から日本への観光集客が地域経済に大きな影響を与えることも多い．他にも，地場産品の市場開拓，大学の国際的人材育成など，いずれも自分の地域内やその周辺だけでなく，国内・海外の多くの地域との競争を意識しなければならず，比較対象になる他の地域の動きを把握する必要がある．地域の内側に閉ざされた視点だけでは課題を解決できない時代になっている（表 A）．

■地域が向かうべき今後の方向性

しかしながら，「地球規模での地域間競争」の時代とは，見方を変えれば，日本のどの地域でも地球全体を市場にできる時代，世界中の人や企業から注目してもらえる時代である．機会はどの地域にも公平に広がっており，「知恵と努力で地球全体を市場に

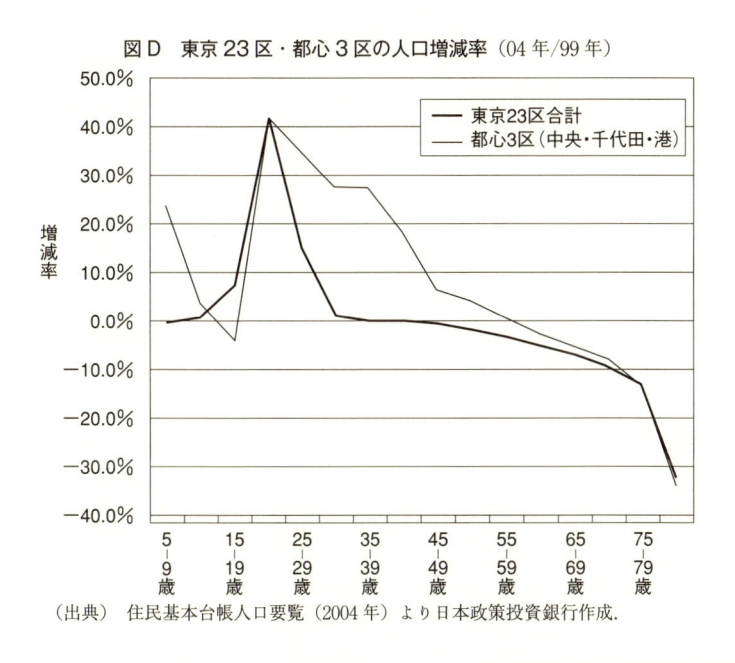

図 D　東京 23 区・都心 3 区の人口増減率（04 年/99 年）

（出典）　住民基本台帳人口要覧（2004 年）より日本政策投資銀行作成．

できる時代」と前向きにとらえられる．競争や制約はそれに対応する工夫により新たな成長の機会ともなる．

そのためには，何らかの意味で人や企業を引きつけることのできる競争力を発揮することが不可欠である．

この競争力を獲得するために必要な要素として，以下の3つの要素があると考えられる．

①個性の発揮

第1は，個性を生かした競争力の創出である．どの地域にも，自然・歴史，伝統文化・伝統工芸，まちづくり，地場産業振興・企業誘致・産業おこし，大学・研究所，文化・芸術・教育・スポーツなどそれぞれの分野に，地域の競争力の源泉となる個性は存在している．実際，立地条件や市場規模には恵まれなくとも，自

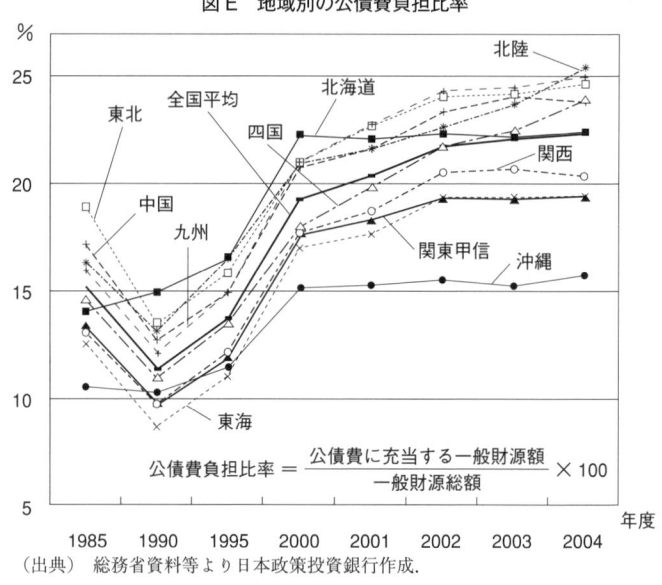

図E　地域別の公債費負担比率

$$公債費負担比率 = \frac{公債費に充当する一般財源額}{一般財源総額} \times 100$$

（出典）　総務省資料等より日本政策投資銀行作成．

表A　地球規模での地域間競争の事例

分　野	事　例	示　唆
人（観光）	スキューバダイビングとリラクゼーションの両方を充実させたい観光客は，沖縄にするか，ミクロネシアや東南アジアの高級リゾートにするかを選択	観光集客は地球規模の競争
企業	国際路線のある空港・港湾から車ですぐの工場用地の選択（上海や台北の空港・港湾の近くか，千歳空港・苫小牧港近くの工業団地にするか）	企業誘致は地球規模の競争
投資家（資金）	将来的に価値が維持される可能性の高い歴史的価値のある不動産への投資（ローマか，ロンドンか，京都か，金沢か）	投資誘引は地球規模の競争

（出典）　日本政策投資銀行作成．

ら個性を発掘し磨き上げ地球規模の競争力を身につけている地域は少なくない（表B）．

②経済合理性の確保

　第2は，経済合理性の確保である．その地域を選択したくとも，人や企業が活動する上で必要となる生活や経済面での基礎的な施設（公共施設，医療・福祉，教育，商業，芸術・文化施設など）が大幅に不足していると，結局，選択してもらえないおそれが生じる．財政コストを節減しつつ，住民にとって必要なインフラを整備・維持していくためには，近隣の地域が相互利用を前提として連携し計画的に施設整備を行うことや，需要に見合った適正な規模の施設とすること，公共施設を分散するのではなく地域内の特定の場所に配置し一定の集積を確保することなど，需要を有効かつ効率的に捉える施設整備も必要となる．また，既存ストックの有効活用も重要な手段である．

　連携や適切な施設整備によって需要が十分確保され，既存スト

ックの活用などとあいまって，相対的に低コストでの施設整備が可能となれば，施設を長期的にも無理なく維持していくことができる．その結果，そうでなければ域外に流出した可能性のある人や企業が域内にとどまる，さらには域外から流入する可能性がより高まることになる．

③地域の信頼性

第3は，地域に対する信頼性である．個性の発揮や経済効率性の確保によっていかに競争力を持ったとしても，将来にわたってその競争力が保全されるかどうかの信頼性が，人や企業からは問われることになる．

この観点からは以下の3つの要素が挙げられる．

a：努力

地場産業や商店街の疲弊，災害や治安の悪化など地域ごとの個別の課題に対してどれほど真剣かつ的確に取り組んでいるか．

b：ブランド構築

自然，歴史，文化，景観，地場産品など地域の資産を大切に保全し将来の世代へ引き継ごうとしているか．

（例：歴史的街並みの保全，地域ブランド）

c：ガバナンスの確保

社会的な規範を遵守しているか，地場産品や観光資源などを安心して消費できるようにしているか．

（例：温泉表示問題，食品のトレーサビリティ）

以上のように，まず地域自身が姿勢を示さなければならないことは少なくない．そうした姿勢を示すことのできた地域が，地域

コラム　グローバル化・少子高齢化と地域

外の人や企業からの信頼感を得られるのである．

　これらは，企業の世界に置き換えると，それぞれ企業努力，企業ブランド，企業統治（＝コーポレートガバナンス）と同様のものである．信頼性の確保は，企業活動において企業ブランドやガバナンスの確立により市場の信頼を得ようとすることと同様に，同じことが地域にも必要であると考えられる．地域は，地球規模で動く人や企業から，企業同様のこれらの努力と成果を求められているのである．この信頼性は競争力の時間的側面の要請であり，時間を越える機能を持つ金融の観点から特に重要な要素として認識される．

表B　地球規模で競争力を発揮している地域

地　　域	特　　徴
海外からも注目される観光拠点（北海道倶知安町・ニセコ町）	スキーに加え自然資源を生かしたラフティングのメッカとして急成長．オーストラリア人の着眼が発端．
ものづくりの特徴を生かした産業観光（中京圏）	万博を機に特徴ある観光の必要性を認識．産業文化財，産業現場，産業製品などに注目．
中国市場を視野に入れたブランド育成（新潟・燕）	金属洋食器，金属ハウスウェアの希少生産技術を活用し高級で洗練されたデザインの商品を開発．
和紙の伝統に根ざす地域産業（徳島）	阿波和紙の伝統を引き継いで自動車用濾紙や逆浸透膜支持体などニッチ特殊紙市場で世界を牽引．
ONSENを世界語に（群馬・草津）	自然環境を大切に守り育て，日本と世界の温泉文化が息づく洋風と和風のまちづくりを推進．
アニメ芸術を通じて世界平和への願いを世界に発信（広島）	カンヌ映画祭の短編アニメ部門のアジア公認開催地．アニメ産業の振興も目的．
東京都心の下町再生（東京・千代田区）	神田の空室のSOHOコンバージョンにより新たな創造の担い手を地域に呼び込む．
大学発の地域国際化（立命館アジア太平洋大，大分・別府）	留学生が地域貢献活動に積極的に参加，「ひとづくり」，「まちづくり」，「えんづくり」を実践．
「作る産地」から「売る産地」への転換（福井・鯖江）	伝統の眼鏡フレーム技術で国内の大半を生産．チタン加工に世界で初めて成功するなど技術面，経営面でも優位．
100％地元産ぶどう原料でのワイン製造（宮崎・都濃）	第三セクター方式のワイナリー．2004年世界最注目銘柄ベスト100に選出．

（出典）　日本政策投資銀行作成．

II 地域再生制度とファイナンス・人材

4 地域再生制度
新しいガバナンスの形へ

1 地域再生の経緯と意義

1.1 地域活性化策の系譜

　戦後，わが国ではさまざまな地域活性化策が行われてきた．戦後地方行政の歴史をひもといてみた場合，地域活性化に関する用語としては，これまで「地域開発」「地域政策」「地域づくり」などが概ね同義的に用いられてきた．

　「地域開発」とは「地域住民の生活を向上させるために，地域の社会経済的な発展の基盤の形成を図ることを目的」とし，「経済的な発展と社会的な発展を同時的に」図り，「地域の社会経済的水準を現在より上方シフトさせることを基本」としていた．これは物的施設の整備を中心とした概念として理解されている（蓼沼 1986, p. 232）．蓼沼は地域開発における主体の二重性の問題を指摘している．すなわち主体の一つである地域にとっては，地域の開発発展により地域住民の福祉の向上を図るという地域目的から行われるものであるが，他方，もう一つの主体である国・中央政府

からみれば，地域格差を是正し，国土の均衡ある発展を図るという国家目的に資するものであった．

また，「地域政策」という用語については，通常イメージされてきた地域開発による物的施設の整備を含めて，それを越えたソフトな施策の集合を包摂したものと意味づけられてきた（同，p. 236）．そして，「地域開発」が主体の二重性をもって捉えられていたのに対し，「地域政策」は，中央省庁の個別の施策についても，いったんは地方自治体が受け止めて，総合化，調整され，地方自治体の施策として地域の中で実施されるものと考えられてきた．

これらに対し，「地域の活性化」については，地域政策にかかる基本的なコンセプトとして，「既存のさまざまな施策，あるいは新しい課題への対応のための施策を複合化，総合化した施策の体系」であり，地域経済の活性化を中心としつつ，生活環境の整備，社会福祉の充実向上，産業の振興等を含めた，はるかに幅広い外延をもつ概念と捉えられている（同，p. 139）．これは，施策のパッケージであるとともに，地域づくり・地域おこしなど地域の自立的発展を願う地域のアイデンティティ確立の要素も含まれる概念といえる．

1.2 「地域再生」とは何か

では，「地域再生」というと，都市や産業の「再生」のように，いわばいったん衰退してしまった地域を，一定の努力によって新たに蘇らせる，といった語感があるが，論者によっては地域活性化や地域政策と特段の区別なく用いているようにも思われる[1]．千賀は，その地域がもっとも繁栄していた時代の活気を（現代において形は変わるにしても）取り戻すこと，地域固有のポテンシャルを再確認して地域が元気を取り戻すことと意義付けている[2]．

---

[1] 地域政策の思想的な系譜については，重森（2003）参照．
[2] 千賀裕太郎「地域再生における住民参加・合意形成とリーダーシップ」『地域政策研究』（地方自治研究機構）第 28 号，2004 年 9 月．

他方,「地域再生」の用語は 2003 年 10 月の政府の地域再生本部設置を契機として社会的にも普及定着した. 05 年には「地域再生法」が誕生し,現在は法令上は「地方公共団体が行う自主的かつ自立的な取り組みによる地域経済の活性化, 地域における雇用機会の創出その他の地域の活力の再生」と定義されている.

1.3 特区の限界と地域再生

地域再生に関連する諸概念を整理したが, しかし,「地域再生とは何か」という問いには, 有効な回答は見出せない. 地域再生は, 地域が抱える課題を解決するための政策全般として捉えておけばよいのであって, 地域に関係する内政の全てと言い換えてもよいだろう.

03 年秋という時期は, 政治的には 04 年に控えた参議院選挙に向け, 地域向けの新たな政策が必要とされた時期であったと見られている. 先行する都市再生施策では都市部偏重の印象があり (実際は, 過疎地も含めて対象とする"全国都市再生"を既に展開していたのだが), 構造改革特区は規制改革のみで財政措置を排除していた. よって, 地域全体に眼を向け, 財政措置の可能性も含んだ概念として, 新たな施策群を「地域再生」と名づけたと言ってよいであろう.

当時は構造改革特区の第 3 回提案に基づく本部決定が終了した時点であり, 農業や医療, 教育分野での株式会社参入障壁を突破するなど, 特区の成果が華々しく喧伝される一方, 提案数や実現する特例数の減少など, 特区の限界を指摘する声も囁かれはじめていたころだった. したがって,「地域再生」については, 具体的な政策の内容は地域再生本部設置後の検討に委ねつつ, まず本部の設置が決まり, 特区と同様の成功を期待されたこともあってか, 構造改革特区推進本部の事務局が, 地域再生本部の事務局を兼務することとなった.

事務局でまず行った議論は, 特区制度が不得意な分野を主要な政策対象としてはどうかということであった. 第 1 回の地域再生本部会合 (03 年 10 月 24 日) に提示された「地域再生の今後の進め方について」では,

「国は，(地域が策定する自主的な計画について)「現場である地域の視点」でその実現を支援するため，ワンストップで地域の要望を受けとめ，当該地域についての規制緩和や権限移譲，各種の施策の利便性の向上や施策等の連携等により，効率的かつ総合的な支援を行う」としている．ここで，「規制緩和」については，特区と重複しているが，地域再生の目的に資する施策を幅広く視野に入れたものと言える．また，表現は曖昧にされているが，「各種の施策の利便性の向上や施策等の連携等」とは，施策の縦割りの排除とともに，補助金制度の使い勝手の向上や省庁連携による補助金の重点的・集中的な配分といった，主に助成制度に関する施策を意味する．「権限移譲」は「規制改革」の範疇とみることもできるが，行政組織間（国と地方，道府県と市町村）の資源配分にも影響することから，規制改革以外の政策は財政措置に関連するものであり，特区制度が不得意としてきた分野である．

　ここに，広範な目的を掲げつつ，主に財政措置に関する新たな地域施策の構築をミッションとして，政府による「地域再生」が始まったのである．

1.4　初期に直面した困難——特区モデルの不適応

　03年12月，政府は「地域再生推進のための基本指針」を策定し，04年1月に特区と同様の提案募集を行い，同2月に提案に対する検討結果をとりまとめた「地域再生推進のためのプログラム」を地域再生本部において決定した．しかし，この策定過程で時期の設定と政策モデルの選択という2つの点で，困難に直面した．

　地域再生施策の構築にあたっては，財政措置に関する新たな地域施策の構築を目指していたのであるが，提案募集を受けて具体的な施策の検討に入った04年1月という時期には，既に04年度の政府予算案は閣議決定され，国会の審議を待つだけの状態にあった．すなわち，政府予算案の組み換えを行わない限り，財政措置に関する施策について初期の地域再生が目指した政策の実現は不可能であった．

　一般に，政府予算案の策定スケジュールは以下のようなものである．

①各省庁における次年度の主要施策の方向性の検討【1〜5月ごろまで】
②次年度の経済財政の方針（いわゆる骨太の方針）の決定
【6, 7月ごろ】
③概算要求方針（シーリング）の決定【7, 8月ごろ】
④各省庁の次年度の主要施策のとりまとめ【7, 8月ごろ】
⑤各省庁による概算要求の財務省への提出【8月末】
⑥財務省との予算折衝
【9月から11月ごろ，財務省の局議が終了するまで】
⑦政府予算案の決定【12月】

　予算に関係する制度改正は，8月末の概算要求に何らかの足がかりがない限り難しい（ただし，特殊な事情変更があれば，認められる）．また，すでに成立した予算案を組み替えることは現実的ではない．
　もう一つの困難とは，特区の政策モデルの踏襲を余儀なくされたことである．第2章で説明した通り，特区モデルとは，[「規制ユーザー」→「内閣官房」→「規制所管省庁」] という直線的関係の下で，ユーザーの提案を対象に，内閣官房と規制所管省庁とが対立的な関係で行う単純な合理的判断ゲームである．しかし，予算制度を対象とした場合，このような直線的な関係は成立しない．補助金制度にも所管省庁はあるが，少なくとも，予算制度全体を統括する財務省や地方財政制度を所管する総務省などが登場し，複数の関係の調整が発生するのである．また，単純な合理的判断ゲームも成立しない．予算制度の場合は，税収などに起因する予算枠の制約，当該年度の予算の重点方針（公共事業は削減し，社会福祉に手厚く配分するなど），地方財政における同様の課題などのために，内閣官房が合理的に正しいと認める判断であっても採用できないことがある．つまり，合理的判断ゲームではなく，複数の対立する利害関係の中におけるバランス調整ゲームが要求されるのである．しかもバランス調整のための調整値も固定的なものではなく，刻々と変化する時点時点における社会的なコンセンサスによる．ゲームの対象も単一の制度ユーザーの要求ではなく，利害が

対立する複数の制度ユーザー間のコンセンサスなのである．

このように，初期の地域再生は，時期と政策モデルの不適応から，予算制度に関する改革という点で困難に直面したのである．これは，特区の成功から政策モデルを踏襲する一方で，特区の限界を見据えて政策分野を設定するという，相反する2つの条件が課せられた状態を出発点とした宿命であった．

1.5 地域再生ミッションの再構築

時期と政策モデルの不適応を初期の地域再生が直面した困難として指摘した．時期の問題は改めて仕切りなおせばよい．問題は，政策モデルの選択である．

初期段階で困難に直面しつつも策定された最初のプログラムでは，それに基づく地域再生計画が214件を数え，地域の取り組みは活発な様相を見せた．この活況を受けて，政府は，改めて地域再生のミッションを再構築した．04年5月27日の地域再生本部決定「今後の地域再生の推進にあたっての方向と戦略」である．ここに，地域再生の政策の方向性として，次の3つが掲げられた．

①知恵と工夫の競争のサポート・促進（地域のひとづくり・人材ネットワークづくり，権限移譲など）
②自主裁量性の尊重，縦割り行政の是正，成果主義的な政策への転換（施策のパッケージ化，補助金改革など）
③民間のノウハウ，資金等の活用促進（外部経済効果の高い民間プロジェクトへの民間資金の誘導など）

基本的には，財政措置に重点をおいて新たな地域施策を構築するという地域再生の初期の方針は踏襲されているが，より戦略的に整理されたものとなっている．

これらのうち，05年の地域再生法の成立に至る原動力になったのが，

②の方向性である．構造改革特区で行った規制改革に続くものとして，縦割り行政の是正などの改革的な側面を強調して補助金改革を位置づけたものである．次節では，この方向性に沿って，最終的には地域再生基盤整備交付金に結実する政策過程を，三位一体の改革の政策過程との対比の中で整理する．その上で，改めて選択された地域再生の政策モデルの構造を明らかにしたい．

2 三位一体改革期の政府間調整

2.1 まちづくり交付金の衝撃

03年度，国土交通省によるまちづくり交付金の創設は，政府の補助金関係者に衝撃を与えた．まちづくり交付金とは，道路，公園，下水道，再開発事業，住宅建設など，従来は別々の補助金制度の対象であったものを「まちづくり」の名の下に一括して対象とした新たな補助金制度であり，しかも，地方自治体が特段の手続きを経ることなく，独自の判断で予算の施設間・年度間の融通を行うことを可能としたものである．従来の統合補助金（国から地方への配分のみを一本化するもので，補助金の執行は施設ごとに行う）を大幅に改革したものでもある．さらに，総額の一定割合については，所定の補助対象以外であっても地域が提案する事業に充当できることにし，地域の裁量性の余地が拡大した．例えば，国土交通省所管の補助金でありながら，学校や社会福祉施設など，他省庁所管の施設に資金が充当できるようになったのである．

03年度から始まった「三位一体の改革」（地方の資金調達手段である補助金，地方税，地方交付税の3つを同時に改革するもの）において，「補助金の廃止・縮減等の改革」を迫られていた補助金所管省庁は，「こんな手があったのか」と驚愕した．しかも，04年度予算における「廃止・縮減等」に該当する1兆円のうち，約1,300億円をまちづくり交付金に充てることが位置づけられたのだ．実際には補助金を廃止・縮減しなくても，

交付金にすれば継続できると，補助金関係者は踏んだに違いない．

　03年12月に政府・与党が合意した04年度予算案では，三位一体の改革としてこのほかに6,558億円の税源移譲，交付税の1.2兆円削減が決まった．地方からは怒りの声が噴出した．交付税を大幅に削減される一方，補助金の廃止・縮減やそれに伴う税源移譲の額は少ない．「これでは予算が組めない」と地方自治体から怨嗟の声が上がったのだ．このような状況にあっては，まちづくり交付金が「税源移譲逃れの補助金温存の手段だ」とのそしりを受けることになるのは致し方なかった．しかし，このような状況だからこそ，ここまで大胆に改革された補助金制度が生まれたとも言える．

　このように，微妙なパワーバランスの下で形成されたコンセンサスとして，まちづくり交付金は生まれた．地域再生の交付金が議論される前年のことである．

2.2　補助金改革と交付金をめぐる政府内の利害対立

　こうして04年度，三位一体の改革は正念場の2年目を迎えた．

　交付税の大幅削減に反発する地方自治体や総務省が，補助金改革の徹底とそれに見合った税源移譲の実施をさらに強く要求することは必至であり，一方で，補助金所管省庁は，補助率の削減やまちづくり交付金型の交付金化で補助金の継続を図ろうとする．さらに，財務省は，財政規律を守るという観点から，予算のスリム化と主要分野への重点的な配分を推進する．

　「骨太の方針2003」では，概ね4兆円程度の補助金の「廃止・縮減等」を行うとしており，04年以降は03年度で廃止・縮減された分を引いた残り3兆円の補助金改革が焦点となっていた．ここに，3兆円を「税源移譲見合いの補助金削減」，「交付金化等の補助金の改革的継続」，「スリム化のための補助金削減」のいずれで実現するのかという利害対立の問題が発生した．

　地域再生施策を進める立場からすれば，地域の自主裁量による地域づくりのための補助金改革を掲げようというのがその方針であった．この立場

から見て，ポイントは以下の点にあると思われた．

建設国債を財源とする公共事業費を，税源移譲のために削減することは困難であろうが，公共事業に手を付けずに補助金改革の目標額を達成することも不可能である．おそらく，補助金所管省庁は，まちづくり交付金の例にならって，省庁内で補助金を一元化して交付金化することを狙うだろう．しかし，既に地方から反発のあるまちづくり交付金型の交付金の導入のみで補助金改革に対応することに，国民的コンセンサスが得られるかは疑問である．まちづくり交付金よりもさらに地域の使い勝手を高めるための改革として，新基軸を打ち出すことが求められるだろう．これが，のちに誕生する「地域再生基盤強化交付金」の背景である．

こうして，前節で既に触れた地域再生本部決定「今後の地域再生の推進にあたっての方向と戦略」（以下，「方向と戦略」）に，「自主裁量性の尊重，縦割り行政の是正，成果主義的な政策への転換（施策のパッケージ化，補助金改革など）」という方針が位置づけられることとなったのである．

なお，「方向と戦略」では，「交付金」には一切言及していないことに注意する必要がある．この時点で，「交付金」化はすでに批判の対象として晒されていたためである．04年5月25日の全国知事会の「平成17年（05年）度における「三位一体の改革」に関する提言」では，「見直しを行った国庫補助負担金の中には，国が基準を決めて交付するという国庫補助金と同様の考え方に基づく「まちづくり交付金」のように，地方の自由な判断によりその使途を決定することができないものも含まれており，総じて，地方の自主性を高めるための見直しが行われているとは言えない」と断じられていた．

ここに予算に関する制度の調整過程の困難がある．5月の時点で最終的な予算の形に言及することは時期尚早なのである．最終的な姿が議論されるのは11月頃であり，5月は，「地域の自主裁量性の尊重，縦割り行政の是正等のための補助金改革」といった方向性だけが認知されていれば十分なのだ．

「方向と戦略」が決定された翌日の5月28日の経済財政諮問会議では，

当時の小泉首相が税源移譲の目標額を3兆円とすることに言及し，税源移譲の比重が一気に高まった．前年度達成分を差し引いた約2.3兆円の税源移譲を，残り3兆円の補助金改革で実現するためには，税源移譲見合い以外の補助金改革の額は単純計算で約0.7兆円となり，補助金改革の議論の幅は大きく狭まったかに見えた．

このような経緯を受けて，6月に決まった「骨太の方針2004」では「国庫補助負担金の改革については，税源移譲に結びつく改革，地方の裁量度を高める自主性を大幅に拡大する改革を実施する．併せて，国・地方を通じた行政のスリム化の改革を推進する」とされた．前年度は「廃止・縮減等」とされた「等」の中味が明らかになり，前述した地方自治体・補助金所管省庁・財務省による3つの対立する利害が，並立して示されることとなったのである．

2.3 補助金改革を求める地域の声

地域再生制度が示した補助金改革の方向は，政府内部の利害対立の分析のみから生まれたものではない．

従来から，補助金をめぐる縦割り行政の弊害を指摘する地域の声は大きかった．国道と林道が並行して走ったり，下水道と集落排水の終末処理場が隣接するなどといった象徴的な笑い話はすでに過去のものであったが，単年度会計の中で使途が限定された補助金に残額が出た場合は，年度末に集中的に「消化」されることとなり，街中のあちこちが掘り返される事態は依然として続いていた．下水道に残額がでれば同一地区の集落排水の不足分に融通するという当たり前のことが，縦割り行政の中では不可能であったのだ．

初期の地域再生の提案募集でもすでに，このような補助金の縦割り行政の是正を求める声は寄せられていた，排水処理のための農林水産省，国土交通省などの事業の一体化（愛知県豊田市）や幼稚園・保育園・放課後児童クラブなどの「こども」に関する厚生労働省，文部科学省の事業の一元化（千代田区）などである．

全国知事会が名指しで交付金化を否定したように，地方自治体の公式な見解としては税源移譲に結びつく改革を目指す立場が強調されたが，交付金化にもメリットを感じる個別の自治体も，必ずしも少なくはなかったのである．

三位一体の改革の議論では，「骨太の方針2004」の決定を受けて，04年6月9日に地方自治体に補助金改革案の検討要請がなされ，削減すべき補助金のリストを地方6団体がとりまとめることとなった．一方，地域再生施策では，改めて補助金改革などを掲げて，地域から提案募集を募り，6月30日に締め切った提案の内容を7月15日の閣僚懇談会の場で提示した．ここでも，道路や汚水処理施設などに関して，複数省庁の補助金を一元化することを求める提案が数多く寄せられた．

8月24日には経済財政諮問会議で地方6団体から削減すべき補助金のリストが提示され，この実現に向けて，9月14日に国と地方の協議の場が設置されるなど，税源移譲をめぐる補助金改革の議論が激化していくのだが，地域の自主裁量性の向上，縦割り行政の是正などの観点から補助金の一元化を求める地域の声は，確実に楔として打ち込まれていたのである．

8月の末に各省庁から公表された05年度予算の概算要求では，汚水処理（国土交通省，農林水産省，環境省がそれぞれ所管），道路（国土交通省，農林水産省がそれぞれ所管），港（同），海岸（同）といった分野で，「地方公共団体が策定する計画に対し，関係省庁が連携して助成を行い，地方公共団体の裁量で各事業への充当が可能な制度」を創設することが盛り込まれた．しかし，ここでも「交付金」への言及はない．「地域再生」への言及もない．

2.4 地域再生基盤強化交付金の成立

地方6団体が提示した補助金削減リストには，当然に公共事業関連補助金が数多く含まれていた．国と地方の協議の場では，義務教育国庫負担金と並んで，公共事業関連補助金の削減が焦点となった．この間，地域再生サイドには大きな動きはない．そして，最終結論となる04年11月26日

の政府・与党合意を迎えるのである．

　05・06年度に実施する国庫補助負担金改革の総額は，2兆8,380億円とされ，税源移譲につながる改革分が1兆7,700億円，スリム化の改革分が4,700億円，交付金化の改革分が6,000億円となった．公共事業の交付金化については，「省庁の枠を越えて一本化するなど，地方の自主性・裁量性を格段に向上させる．地域再生の取り組みにおいても三位一体の改革に資するものとなるよう留意する」と記述され，省庁横断的な改革が明示され，不可思議な文脈ながら「地域再生」への言及が初めてなされている．

　この時点において，省庁横断的な交付金の創設はほぼコンセンサスになりつつあったが，所管省庁をどこにするかなど詳細は未決着であった．国土交通省，農林水産省，環境省といった個別の補助金所管省庁のいずれかに一元化することは省庁間のパワーバランスの観点から困難であったため，地域再生の枠組みを活用する方向，つまり内閣府に一元化する案が有力視され，三位一体の改革の決着時点まではそれについて特別の異論はない状態にあった．

　しかし，決着直後から国土交通省など補助金所管省庁の巻き返しが始まった．配分から執行まで内閣府に一元化する案が覆され，一時は，形式的に内閣府に一括計上されるものの，配分・執行は各省庁が行う案なども検討された．結果として内閣府に一括計上された予算を内閣府が配分し，各省庁が執行するという折衷案が採用された．こうして，最終的には，道整備交付金，汚水処理施設整備交付金，港整備交付金の3種類からなる地域再生基盤強化交付金が誕生した．年度間・事業間で交付金を融通することが可能になり，初年度は810億円が，省庁の枠組みを超えて内閣府に一括計上されることとなった．

3 地域再生の政策モデルと可能性

3.1 政策提案の抽象化と状況との調整

　初期の地域再生が，特区の政策モデルの踏襲から出発したことは，本章の1節で述べた．2節では，地域再生基盤強化交付金の成立過程をたどってきた．本節では，これらを踏まえて地域再生制度が選択した政策モデルを抽出してみよう．
　1章で説明した構造改革特区の政策モデルは，

　①全員参加型政策立案モデル
　②合理的判断ゲームモデル（公開ディベートモデル）
　③地方自治体関与型制度改革モデル

の3つであった．当初，地域再生制度でもこれらの政策モデルをすべて踏襲しようとしたが，予算制度に関する政策を中心に据えたことから，特に②のモデルの変更が必要とされた．
　図4-1で比較しているとおり，特区の政策調整過程は，プレイヤーの直線的な関係に基づく合理的選択ゲームであるが，地域再生の政策調整過程は，次の2つの点で大きく異なる．

　①政策提案の抽象化：ユーザーの政策提案を個別に実現するのではなく，全体的な政策傾向として捉えていること．
　②状況に応じた調整：単一のプレイヤーとの対話による調整を行うのではなく，複数のプレイヤーの利害関係から生ずる状況の変化に応じて，時点ごとの状況に適した選択肢を投げ入れていくという調整を行っていること．

　「政策提案の抽象化」とは，例えば，国土交通省の○○補助金と農林水

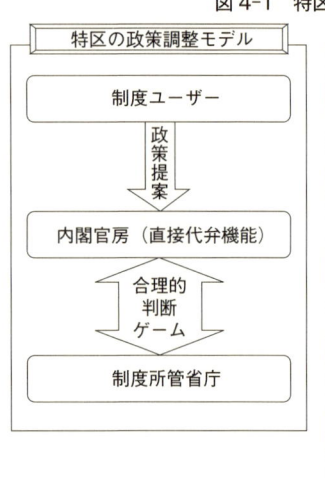

図 4-1 特区/地域再生の政策調整モデル比較

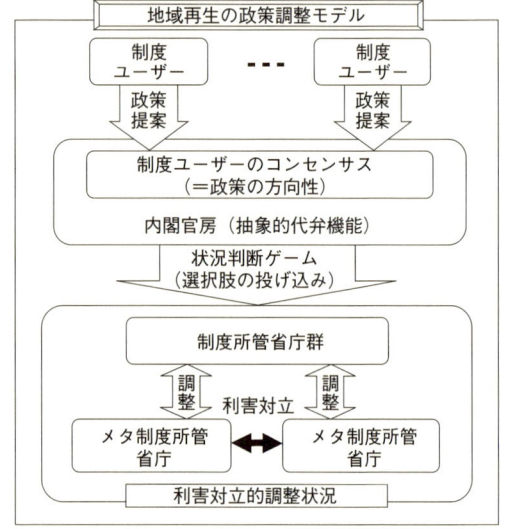

[特区の政策調整モデル]
制度ユーザー → 政策提案 → 内閣官房（直接代弁機能） ⇄ 合理的判断ゲーム → 制度所管省庁

[地域再生の政策調整モデル]
制度ユーザー … 制度ユーザー → 政策提案 → 制度ユーザーのコンセンサス（＝政策の方向性）／内閣官房（抽象的代弁機能） → 状況判断ゲーム（選択肢の投げ込み） → 制度所管省庁群 ⇄ 調整 ⇄ メタ制度所管省庁 ↔ メタ制度所管省庁（利害対立） → 利害対立的調整状況

産省の△△補助金を特定の目的の下に一本の交付金とすることを求める政策提案を受けた場合，補助金制度については「目的別にユーザーの使い勝手を高める改革」，「省庁横断的な補助金制度」が求められていると抽象的に解釈することである．このように抽象化することにより，検討の対象を提案された単一の実現手法に限定するのではなく，統合補助金のように比較的緩やかに事業間連携を実現するものから，交付金のように省庁の関与を排除する度合いが高いものまで，多様な手法を検討することが可能となる．補助金制度のように，予算制度全体の政策傾向や関係する省庁のパワーバランスの影響などにより多様な手法選択が考えられる分野では，このような抽象化が不可欠である．

「状況との調整」を地域再生の交付金の調整過程に即していえば，三位一体の改革という状況の下，模式的には補助金所管省庁，予算制度所管省庁（財務省），地方財政制度所管省庁（総務省）の利害対立が生じている中に，地域の自主裁量性を高めることで地域の再生を図るという状況外の別の立場から，問題解決のための選択肢として「省庁横断的交付金」とい

う解を投げ入れるというものである．調整者の立場から言えば「岡目八目モデル」，投げ入れられる解の性格から言えば「三方一両損モデル」といった比喩もできる．

このように，地域再生の政策モデル形成という視点から見ると，合理的判断ゲームモデルから状況判断ゲームモデルへの変更により，ようやく地域再生の政策モデルと政策課題のマッチングが実現したのである．なお，全員参加型政策立案モデルや地方自治体関与型制度改革モデルについては，細部の違いはあるものの，概ね踏襲されているといってよい．

3.2 地域再生基盤強化交付金の実績と改良点

三位一体の改革の状況下から生まれた地域再生基盤強化交付金は，当初期待された効果を生んだのであろうか．

06年9月現在で，交付金を活用した地域再生計画は600件に上っている．交付金の効用は，事業間，年度間の予算の融通であるが，全体の3分の1のおよそ200件で予算の融通が行われている．また，汚水処理の分野では，都道府県の計画にとらわれない市町村による独自の施設配置が可能となり，51件の実績が生まれている．また，道路，汚水処理，港といった分野を超えた予算の融通も実現し，06年度予算では当初予算額に対する実際の配分額の割合は，道路で109％，汚水処理で93％，港で74％となっている．地方自治体の実質的なニーズを反映して，道路整備に予算配分がシフトしていることがわかる．長年の間にわたり固定されてきた省庁間，分野間の予算シェアに変化を生んだ点で，この交付金の意義を認めることができる．

一方，地域再生基盤強化交付金については，次のように改良すべき点も多い．

①事業分野の拡大：現状では，道，汚水処理，港の3つの事業分野が対象となっているが，同一事業分野で複数の省庁が異なる補助金を所管している分野はほかにも存在する．海岸整備や建築物の施設整備など

である．事業分野の拡大が必要である．
②目的別交付金への進化：現状は，事業類型に着目した交付金となっているが，ユーザーの使い勝手を高めるためには目的別の交付金へと進化させていく必要がある．国土交通省の単独所管ではあるが，まちづくり交付金は道路，下水道，公園，再開発事業，住宅建設など異なる事業分野を横断したものとなっている．防災，子育て支援，環境保全などの観点から，複数省庁に分散する補助金の一元化を求める声は大きい．
③地域提案型事業の実現：まちづくり交付金では，全体の一定割合で地域が提案する事業への補助金の充当を可能としている．同様の制度の導入が必要である．

　もちろん，地域再生の目的の下に使途を限定しない交付金を創設するということも考えられるが，バラマキ的補助金が許されないのは言うまでもない．要は，地域からみた使途や手法の選択の自由度は確保しつつも，競争的な配分と結果の透明性を確保するためのガバナンス装置をいかに構築するかが課題である．この際，ガバナンスを国に限定する必要はなく，地方自治体のみならず，産・学・公のさまざまな主体の参加による新たなガバナンス装置の構築が期待される．

4　地域格差論と地域再生制度

　地域活性化策は，それぞれの時代の政治経済上の課題とも相俟って，時代によって異なった様相を帯びるものである．いま，わが国の地域再生施策は，都市/地方の地域格差論と関連づけて論じられている．
　都市と地方を分けて考えると，地方経済は公共事業の縮減，一次産業の不振，製造業の空洞化などによって疲弊している．例えば，03～04年度の1人当たり県民所得で捉えた場合，大都市圏域などでは2年連続でプラスに転じているところがある一方，マイナスの地域もある．また，同一の

県内でも好不調があり，都市部の中でも発展する地域と疲弊する地域とがあるといえる．

特に，例えば過疎地域のように，大都市圏から非常に離れた地域などでは格差が激化する可能性が高く，失業者の増加，人口流出，高齢化などによって地域の持続可能性も失われることになってしまう懸念がある．それどころか，中山間地域や離島などの条件不利地域においては，高齢化や人口減少に伴って集落そのものの存続が危機を迎え，いわゆる「限界集落」も増加傾向にあり，集落機能の維持を指向する従来型の集落対策についても見直すべき時期にきている．

景気拡大局面では，都市部と地方では経済成長のタイムラグが生じるため，両者の経済的格差が一時的に拡大しているだけであるとの説もあるが，わが国が人口減少社会へと転換していく中で，これまでの中央と地方・都市と農村の関係が大きく転換し始め，新しい社会システムが模索されている過渡期にあるのは事実である．国の地域活性化策としては今後，短期的な景気対策ではなく，長期的な視点から問題を捉え直し，システムの転換を促すような地方対策が必要であるとの指摘もある（小田切 2007）．

06年9月，安倍晋三首相は国会の所信表明演説で，活力に満ちたオープンな経済社会を構築するためには「地方の活力なくして国の活力はない」と指摘し，知恵と工夫にあふれた地方の実現に向け支援を行い，地場産品の発掘・ブランド化や，外国企業の誘致など，独自のプロジェクトを自ら考え前向きに取り組む地方自治体に対し，地方交付税の支援措置を新たに講ずる「頑張る地方応援プログラム」をスタートさせることを表明した．また安倍政権下では，構造改革特区・地域再生担当大臣として設けられていた国務大臣を新たに地域活性化担当大臣として任命．07年2月には地域再生総合プログラム（2月28日地域再生本部決定）もまとめられた．

重要なことは，地域が自らの内から発揮される発展力をつけるということであり，地域のやる気，知恵と工夫を引き出すには，国が考えた施策を押し付けるのではなく，地域が自ら考え，実行できる体制づくりが必要と

なる．

　このため，地域再生総合プログラムでは，地域再生の取り組みを「地域の雇用再生」「地域のつながり再生」「地域の再チャレンジ推進」「地域の交流・連携推進」「地域の産業活性化」「地域の知の拠点再生」として再構築し，構造改革特区や都市再生，中心市街地活性化の取り組みや，頑張る地方応援プログラムとの協調，連携を図ることを謳っている．

　本間（2007）が指摘するように，これまでの戦後の国の国土計画や地域政策，第一次産業政策は，地方・地域に対する計画行政として誤謬を重ね，地方の間に「国の政策についていけばいい」という思い込みを誘発してきた．その結果，これらの政策は住民の生活の豊かさにはつながらなかった面もある．地域再生制度は，こうした過去の反省に立ち，地域の自発的な活性化の取り組みを促し，背中を後押しするプロセスともいえ，また同時に，構造改革特区と同様，省庁横断的な構造改革のための重要な課題である．これまで当然とされてきた行政手法を見直すことや，地域・民間の活力やアイデアを出来る限り活かし，財政出動に頼らずに経済の活性化を目指すという点が特徴である．特区と地域再生制度は，車の両輪として機能を発揮していかねばならない．

　ただ今後，地域間のアイデア競争が進めば，人材の地域的な偏在や構想力の地域差というものが歴然としてくるであろう．その結果は，新たな地域間格差の拡大にもつながりかねない．地域の問題解決力の源泉として，ソーシャル・キャピタルの概念[3]が提唱されているが，教育やコミュニティ施策の充実によりソーシャル・キャピタルを政策的に高めていくような地域再生施策も，今後必要となってくるだろう．

---

3) 人々の強い信頼関係，互酬と呼ばれる相互扶助の慣行，密度の高い人的ネットワークといった，人々の協力関係を促進し，社会を円滑・効率的に機能させる諸要素の集合体（山内直人「ソーシャル・キャピタルの視点でコミュニティ再生を考える」『地域政策研究』第34号，2006年3月）．

〈参考文献〉

小田切徳美(2007)「「入り口」支援を"バネ"とし「成果指標支援」を"刺激剤"とする新しい形の地方振興策」『時の動き』2007年4月号, 19ページ.
重森曉(2003)「持続可能社会と地域政策」『大阪経大論集』54巻2号.
蓼沼朗寿(1986)『地域政策論』学陽書房.
本間義人(2007)『地域再生の条件』岩波新書.

5 地域再生法と地域再生税制
「志ある投資・事業」を支える仕組み

　地域再生法は2005年に成立した．地域再生制度については，03年から経済財政諮問会議や地域再生本部などでの議論で，「地域再生に資する横断的な政策の推進，地域再生計画制度の強化などのため，法制度の整備について検討」することとされ，既にその取り組みがスタートしていたが，新規立法も視野に入れて検討することが至上命題となっていた．しかし実際に，法律に載せうる政策手段を作ることができるのか，制度全体の法律上のスキームをどのように設計するか，など，困難な課題をクリアしていく必要があった．以下では，実際に地域再生法の立法化に向けてどのような検討が行われたのかについて振り返る．また，地域再生法の枠組みのなかで創設された「地域再生税制」の内容，政策的有意性などについて詳述するとともに，07年4月に地域再生税制を拡大させたものとして創設された「再チャレンジ支援寄附金税制」についても紹介する．

1　立法化へ向けた検討と課題

　一般に，新規性の高い政策の立法化を考えるにあたって，まず検討しな

ければならないのは，法律に規定する必要のある事項（「法律事項」）は何か，ということである．現実には，法律事項を含んだ政策手段を創設しうるか，という検討が先行して進んでいく．その政策手段が規制の内容の変更であれば，当該規制の所管省庁と調整を行う．また，4 章で詳述された「地域再生基盤強化交付金」のような予算という手段であれば，予算要求をする側の関係省庁や，予算要求を受ける側の財政当局などとの調整を行いながら，政策手段として具体化しつつ，並行的に，当該政策手段に含まれる法律事項を見定めていくこととなる．

　この場合，創設される政策手段が既存の法律に規定されている規制の内容を変更する（緩和する，組み替えるなど）ものであれば，そこには法律事項があるであろう，という想定がしやすいが，予算措置のような政策手段の場合には，法律事項が含まれるか否かは明らかではない．例えば，「地域再生基盤強化交付金」は，地域再生計画制度の柱のひとつとなる政策手段であり，最終的に成立した「地域再生法」にその規定が盛り込まれているが，一般に，「国は，○○に対し，△△の経費に充てるため，予算の範囲内で，交付金を交付することができる」といった，予算補助の規定は，当然に法律に規定すべきものとなるわけではない．補助金などについては，それが単年度限りの建前のものであれば，必ずしも法律の根拠を要せず，歳出予算に計上されていれば，その交付が可能とされる．実際，法律の根拠のない予算措置に基づく補助金などは多数存在する．また，単に「補助金を交付することができる」というような法律は原則として提出すべきではない，といった趣旨の政府内の申し合せも存在する（昭和 36 年閣議申し合せ等）．したがって，予算という政策手段を法律に規定する場合には，単に「補助金等を交付できる」といった内容以外に，規定する必要のある事項を見定めなければならない．

　また，仮に政策手段の具体化にめどがつき，その政策手段に法律事項が含まれることが判明したとしても，その法律案の企画立案をどの省庁がやるべきか，新法とするのか既存の法律の改正とするのかは，別途，検討が必要である．それぞれの省庁がやるべき事務はそれぞれの省庁設置法で定

められており，既存の法律を所管しているからである．このため，例えば，内閣自らが新規の法律案を検討していくとしたら，それは，その法律の目的や枠組み，政策手段などが，個別単独の省庁では扱えず，省庁横断的に取り組む必要があり，既存の法律の体系とは整合しない，といったことが要請される．

さらに，当然のことであるが，上述のような政策手段がどういう枠組み・手続きで活用できるようになるのか，といった制度全体の構造も並行して検討していく必要がある．現実には，これらの検討を，国会提出の期限を念頭に時間の制約の中で進めていくことになる．

1.1 制度スキームの設計

地域に関する国の政策はこれまでいくつも講じられており，近年の国の厳しい財政状況や，「国から地方へ」という地方分権改革的な観点を踏まえれば，「地域再生」という新たな制度を検討する場合，従来型の地域振興立法的な政策とは一線を画し，国のお仕着せでないオーダーメイド型の政策として構築することが必要であった．したがって，まず，スキームの設計の方向性は，先行している特区制度と同様，「地方自治体にとって任意の計画制度で，制度の活用を希望した場合に計画を申請してもらい，その計画を国が認定して，その効果として，メニュー化されている国の各種政策手段のうち，活用したいものを活用してもらう」という内容にした．地域再生制度における政策手段は，予算などに係る特例措置，つまり財政措置を中心とすることで，特区制度との差別化を図ることとしたが，新たな財政資金を量的に確保して地域に投ずるというのではなく，既存の予算のスクラップ・アンド・ビルドの中で，予算制度の質的改革にもつながりうるような措置を検討した．

方向性はそれでよいとして，問題となるのは，計画認定の法的効果は何か，という点である．特区制度の場合，「構造改革特別区域計画（以下「特区計画」）」は規制の特例措置を活用した言わば「事業計画」（ツール型）であり[1]，その計画認定の法的効果とは，事業を行うにあたり，あら

かじめ掲げられている規制の特例措置を適用できることにある．規制の特例措置を付記していない計画はありえない．

他方，「地域再生」といった場合の，その計画とは，そのネーミングから言って，それぞれの地域が創意工夫した当該地域の地域再生を達成するための「全体計画」（目的型）であって，必ずしも国の政策手段ありきではない．仮にすべての計画が予算に係る特例措置を政策手段として使った計画であったとして，それを国が認定した場合も，そもそも補助金には，根拠規範が具体的な法令によって与えられていない予算措置のみに基づく補助金（予算補助）が多く存在しており，その認定には法的効果があるとはいえないのではないか，という懸念もあった．そこで，国の政策手段を活用しない計画を認定した場合の法的効果を考えることとなった．具体的には，計画が認定された地方自治体は，政府の地域再生に関する施策の改善について提案できることや，認定を受けた計画の実施については，政府が一体となって全面的に支援すること，といった効果を検討することとした．

4章にあるとおり，立法化の検討以前の03年10月，すでに地域再生本部が発足していたが，地域再生法でも，この本部を特区制度と同様に法的に位置づけ，地域再生という内閣の重要政策を推進していくうえで必要な機関とした．

本部の事務として想定したものは，地域再生に関する基本方針などの企画・立案である．政府の施策の幅広い分野に関係するものであることから，各省を統括する内閣の機関が企画・立案することがふさわしいと考えたからである．また，申請された計画や，施策の改善提案などについて，総合調整機能を発揮して，省庁横断的に検討を行うことも想定していた．

1.2　財政支援措置のあり方

先に述べたように，予算という政策手段を法律に規定する場合には，

---

1) 構造改革特別区域法の第1条を参照．

「補助金等を交付できる」といった内容以外に，規定する必要のある事項を検討する必要がある．地域再生制度で考えていた予算に係る支援措置は省庁をまたがる交付金であるが，その場合，個別施設に対する補助金とは違い，目的の範囲内かつ限度額の範囲内であれば，地方自治体の判断で複数の施設に自由に充当することができることを考えていた．他方，施設の中には，法律で補助率が規定されているものがある．そうした施設が今回の交付金でも対象となるとすれば，その場合には，その施設に着目すると，結果的に法定の補助率を上回って国の補助が行われている，ということが起こりうる．例えば，道路法第56条[2]の規定によれば，国は1/2を超えて道路に補助することはできない，とされている．したがって，検討している交付金制度にこうした事業が含まれるとすれば，法令に基づく個別施設に対する補助の例外となるため，これらの規定の特例として法律に位置づける必要があると考えられた．あわせて，交付金が充てられる個別施設と同一の施設に，従来制度による負担または補助が行われる可能性があるため，財政規律を適正に確保する観点から，同一の施設に二重に助成が行われることを防止するための規定を法律に位置づけることも検討した．

さらに，西村清彦東京大学教授（当時）が唱える「社会投資ファンド」構想[3]にヒントを得て，民間の資金・ノウハウの活用という観点から，地

---

2) 道路法第56条：国は，国土交通大臣の指定する主要な都道府県道若しくは市道を整備するために必要がある場合，第77条の規定による道路に関する調査を行うために必要がある場合又は資源の開発，産業の振興，観光その他国の施策上特に道路を整備する必要があると認められる場合においては，予算の範囲内において，政令で定めるところにより，当該道路の新設又は改築に要する費用についてはその二分の一以内を，道路に関する調査に要する費用についてはその三分の一以内を，指定区間外の国道の修繕に要する費用についてはその二分の一以内を道路管理者に対して，補助することができる．

3)「「社会投資ファンド」は，「志のある投資」を可能にする枠組みである．地域には，単独の損得勘定だけでは今ひとつだが，その地域や地域を越え日本全体の厚生を高める波及効果が大きく，かつ新しい雇用の機会を作り出すことができる「志のある」民間事業の種が実は多く存在する．これを実現するためには税制上の優遇措置（減税）で，民間の投資を損得勘定では必ずしも儲からない「志のある事業」へ誘導する必要がある．このようにして，これまで採算に乗らず有効需要化していなかった需要を有効需要化し，新しい技術を作り出し，広い意味での公共財供給システ

域の外部経済効果が高い企業活動を支援するための税制上の優遇措置などのインセンティブを付与できないかについても検討した．税制上の優遇措置は措置を講ずる対象などが法律で規定されていることが必要であり，当然，法律事項になると考えられた（税制については，その経緯を含め，本章第 3 節以降で詳述される）．

もうひとつは，補助対象施設の目的外使用に関する制度の創設である．国の補助を受けて地方自治体が整備をした公共施設は，その利用について「補助金等の交付の目的に反してはならない」とされているが，「各省各庁の長の承認を受けた場合」には交付の目的以外の活用が許されることとなっている（「補助金等適正化法」第 22 条）．実際には，地域の経済社会状況の変化などにより，こうした公共施設の転用の地域ニーズは大きく，上記の承認を希望する地域が多く存在したが，「柔軟に承認がおりない」「承認までの時間がかかる」といった地域の声が多かった．そこで，地域再生計画に位置づけられた事業について，補助対象施設を転用して行おうとする場合に，計画の認定を受けたときは，補助金等適正化法に基づく各省大臣の承認があったものとみなす制度を導入することはできないか検討した．

そのほか，実現にはいたらなかったものの，地域再生計画に位置づけられた事業に限り，国から地方自治体，都道府県から市町村に権限を移譲する制度が創設できないか検討した．例えば，都道府県の有する都市計画権限の一部を，地域再生計画に位置づけられた事業に限り，都道府県から港湾管理者である市に移譲する，といった特例措置を考えていた．

2 　地域再生法の立法構造

上記をはじめとするさまざまな法制度上の論点を，関係省庁との調整・協議，内閣法制局の審査などを経てクリアしたうえで，05 年 2 月 4 日に地域再生法案が閣議決定，国会に提出され，同年 3 月 31 日に成立した．

ムを民間主体で構築することになる」（西村清彦・山下明男編『社会投資ファンド——PFI を超えて』有斐閣，2004 年．本書終章も参照）．

成立した地域再生法は，本則部分として，法律の目的や基本理念等（第1条から第3条），地域再生を推進するにあたっての基本方針（第4条），「計画申請―認定」の制度スキーム（第5条から第10条），認定の効果（第11条および第12条から第14条），推進主体としての地域再生本部の設置，事務等（第15条から第24条），および，附則部分からなる．なお，この地域再生法は，07年3月に改正された（地域再生法の一部を改正する法律の主たる内容については，本書7章で詳述される）．

2.1 目的・基本理念

法律の目的については，少子高齢化の進展や産業構造の変化など，社会経済情勢の変化を背景として，地域は厳しい経済状況，雇用状況におかれており，地域経済の活性化，地域における雇用機会の創出その他の地域の活力の再生が地域の喫緊の課題となっているとの認識の下，この旨を地域再生と定義し，この法律の直接的に達成すべき目的として明記している（第1条）．

また，地域再生の推進の基本理念について，地域における創意工夫を生かしつつ，潤いのある豊かな生活環境を創造し，地域の住民が誇りと愛着を持つことのできる住みよい地域社会の実現を図ることを基本とし，地域における地理的・自然的特性，文化的所産並びに多様な人材の創造力を最大限に活用した事業活動の活性化を図ることにより魅力ある就業の機会を創出することなどを旨として行われなければならない，としている（第2条）．

地域再生という省庁横断的な政策目的の実現のためには，政府が一体となって，地域再生のために実施すべき施策を総合的かつ効果的に推進する必要があることから，①地域再生の意義及び目標に関する事項，②地域再生のために政府が実施すべき施策に関する基本的な方針，③地域再生を図るための計画（「地域再生計画」）の認定に関する基本的な事項などの内容を盛り込んだ「地域再生基本方針」を定めなければならないこととした．

この基本方針の案は，内閣に設置する，内閣総理大臣を本部長，全国務

大臣を構成員とする地域再生本部が作成し,当該基本方針案を閣議で決定し,政府としての基本方針として定めることとされている(第4条).

2.2 制度スキーム

地域再生制度の制度スキームに関しては,

① 地域の発意を基本とする制度として,地方自治体は,地域再生基本方針に基づき,地域再生を図るための計画(「地域再生計画」)を作成し,内閣総理大臣の認定を申請することができること
② 地域再生計画の記載事項として,地域再生を実現する区域,目標,当該目標を達成するために行う事業に関する事項,計画期間等を明らかにしておく必要があること
③ 内閣総理大臣は,地方自治体から認定の申請があった「地域再生計画」が「地域再生基本方針」に適合し,当該地域再生計画の実施が当該地域における地域再生の実現に相当程度寄与するものであると認められ,円滑かつ確実に実施されると見込まれるものである場合には,その認定をするものとすること

などが規定されている.

なお,上記②の計画の記載事項のなかで,目標を達成するために行う事業に関する事項については,法律に規定のある以下の3つの特別な措置,i) 地域再生に資する事業を行う株式会社に対する投資についての課税の特例,ii) 地域再生基盤強化交付金を充てて行う施設の整備,iii) 補助金等交付財産を活用して行う事業,に関する事項のほか,地方自治体が当該目標を達成するために必要と考える事業に関する事項を記載することができることとされている.また,上記,法律に規定のある3つの特別な措置に関する事項を記載する場合には,内閣総理大臣の計画の認定にあたって,当該事項に係る関係行政機関の長の同意を得なければならないこととされている(第5条).

さらに，認定に要する期間を3ヵ月以内とすることや，一度認定を受けた地域再生計画が認定基準に適合しなくなった場合に認定を取消すことができること，などとされている（第6条—第10条）．

2.3 認定の法的効果

まず，いかなる地域再生計画であったとしても，認定されれば得られる法的効果として，

①認定を受けた地方公共団体は，内閣の直属の機関である地域再生本部に対し，当該計画の実施を通じて得られた知見に基づき，政府の地域再生に関する施策の改善について提案をすることができること
②提案を受けた地域再生本部に対し，検討を加え，遅滞なく，結果を当該地方公共団体に通知するとともに，公表する義務
③さらに，国に対して，認定を受けた地方公共団体と，当該計画の円滑かつ確実な実施が促進されるよう，相互に連携を図りながら協力する義務

などが規定されている（第11条）．

さらに，先に述べた法律に規定のある特別な措置に関する事項が記載された地域再生計画を認定した場合には，①課税の特例，②地域再生基盤強化交付金の交付，③財産の処分の制限に係る承認の手続の特例，の効果が生じる．いわば，地域再生制度のなかで活用できる国の政策手段のメニューのうち，法律に基づく政策手段のメニューに当たる部分である．なお，法律に基づかないメニューについては，地域再生基本方針（閣議決定ベース）に規定される．

①の課税の特例は，地域再生計画に規定された事業を行う株式会社であって，一定の要件を満たすものとして内閣総理大臣が指定するもの（「特定地域再生事業会社」）により発行される株式を，払込みにより個人が取得した場合には，当該投資額の控除や売却時の譲渡益の圧縮など，課税の

特例の適用を受けることができるものである．この課税の特例については，第3節以降で詳述される．

②の地域再生基盤強化交付金とは，道整備交付金（道路，農道または林道であって政令で定めるもの），汚水処理施設整備交付金（下水道，集落排水施設または浄化槽であって政令で定めるもの），港整備交付金（港湾または漁港の施設であって政令で定めるもの）の3つの交付金から構成されるものであり，地域再生計画に規定する事業に要する経費に充てるため，予算の範囲内で，交付金の種類ごとに，交付するものである．

地域再生基盤強化交付金は，単一の種別の施設を対象とする補助金ではなく，道整備，汚水処理施設整備，港整備といったそれぞれの目的の範囲内において，複数の種別の施設にわたって認定地方自治体の判断で自由に充当できるようにするものである．このため，地域再生基盤強化交付金を充てて施設の整備を行う場合には，個別の施設に係る法令に基づく補助などが同一の施設に行われることを防止すること，個別の法令で補助率が規定されている場合や補助金の交付を義務付けている場合[4]はその適用を受けないことが必要であり，法令の規定に基づく国の負担又は補助は，当該規定にかかわらず，行わないものとすることとしている．

③の財産の処分の制限に係る承認の手続の特例は，地域再生計画の認定

[4) 道整備交付金は，道路法に基づく道路（国土交通省所管），土地改良法に基づく農道，森林法に基づく林道（農林水産省所管）を対象とするものであるが，いずれも法令に基づき補助率が定められているとともに，補助が義務付けられている（道路法第56条，土地改良法第126条及び森林法第193条．道路への補助の義務付けにあっては積雪寒冷特別地域等特定の地域の場合等に限る（積雪寒冷特別地域における道路交通の確保に関する特別措置法第6条等））．

汚水処理施設整備交付金は，下水道法に基づく下水道（国土交通省所管），予算補助の対象となっている農業集落排水施設及び漁業集落排水施設（農林水産省所管）並びに合併処理浄化槽（環境省所管）を対象とするものであるが，下水道にあっては法令に基づき補助率が定められている（下水道法第34条及び同施行令第24条の2）．

港整備交付金は，港湾法に基づく港湾（国土交通省所管）及び漁港漁場整備法に基づく漁港（農林水産省所管）を対象とするものであるが，いずれも法令に基づき補助率が定められているとともに，漁港にあっては補助が義務付けられている（港湾法第43条，漁港漁場整備法第20条）．

を受けた場合に，補助対象施設の目的外転用についての各省各庁の長の承認を受けたものとみなすものである．ニーズの低下した既存の公共施設の効率的使用に資するものであり，追加的財政負担を抑制することができるとともに，迅速に地域の需要に対応することを可能とするものである（第12条—第14条）．

2.4 地域再生本部の設置とその事務

地域再生に関する施策には，さまざまな政策分野が含まれ，省庁横断的な取り組みが不可欠であることから，内閣に地域再生本部を置き，内閣総理大臣のリーダーシップのもと，関係省庁間の地域再生施策を総合的に調整し，その強力な推進を図ることとしている．

本部が所掌する事務は，地域再生基本方針の案の作成，地域再生計画の認定に係る調整や，認定された地域再生計画の円滑かつ確実な実施にあたっての総合調整，認定地方自治体からの提案の検討などとしている．なお，当該本部の事務は内閣の企画立案・総合調整機能を有する内閣官房において行うこととしている（第15条—第24条）．

なお，付随的事項を定めている附則においては，施行期日（2005年4月1日），見直し規定（施行後7年以内）のほか，内閣府設置法の一部改正についての規定がある．これは，地域再生計画の認定などを行う事務については，内閣を補助して企画立案・総合調整の事務を処理する内閣官房ではなく，個別の管理事務も行う内閣府で行うこととしたことに伴い，地域再生法に基づく認定などの事務を追加したものである．構造改革特区制度において，特区計画の認定事務を内閣府，構造改革特区本部の企画立案・総合調整の事務処理を内閣官房がそれぞれ行うこととされているが，それと同様の整理をしたものである．

3 地域再生税制の成立と拡大

本節では，上述された地域再生法に規定された特別な措置の一つである

地域再生税制について概説する．

3.1　創設の狙いと経緯

　国・地方における厳しい財政制約の下，地域再生を推進していくにあたっても民間資金の有効活用という視点が重要となってくる．民間資金を誘導する政策ツールとしては，財政措置，政策金融，そして税制措置の３つが考えられる．

　財政措置は直接的な支援策であるとともに，返済の必要性がないリスクバッファーとして，民間資金の誘導にも有用なツールであるが，予算の枠という財政制約を受けることになる．地域貢献活動への資金誘導のための財政措置としては，現行の地域再生支援メニューに「地域再生に資するNPO等の活動支援」というものがあり，社会福祉，まちづくり，環境保全といった分野において全国的に先駆性のあるNPO活動を選定し，その活動費を支援するものである．

　政策金融は，ある程度の採算性を持ち，事業者が貸付金の返済を通じてコスト意識を持つことにより事業の効果的な実施を可能とするという意義を有する．現行の地域再生支援メニューとしては，「日本政策投資銀行の低利融資」などがあり，これは，地域再生プロジェクトの構想から計画，事業化に至るまでの各段階を通じてアドバイスを行うとともに，融資については償還確実性などの金融面の審査を経た上で低利で融資を行うものである．この融資は民間金融機関との協調融資であることから，民間資金の誘導策と言える．

　税制措置は，財政措置に比べると間接的な支援策であるが，設定されている基準に合致すれば優遇措置の適用を受けることができ，財政制約を受けることにはならない．つまり，基準さえ満たせば，どれだけでもエントリーできるという意味において有用なツールと言える．以下で紹介する地域再生税制や再チャレンジ支援寄附金税制は，地域貢献活動への資金誘導のための税制措置であり，予算制約を受けないため，その利用価値は潜在的には大きい．

地域再生税制の創設の起点となったものは，先述した「社会投資ファンド」構想である．これまで採算に乗らず有効需要化していなかった需要を有効需要化するのがファンドの役割であり，新しい需要，技術を作り出すものになりえること，また，広い意味での公共財供給システムを民間主体で構築するものである．

この「社会投資ファンド」構想の精神を基礎として，04（平成16）年5月27日に地域再生本部で決定された「今後の地域再生の推進にあたっての方向と戦略」において，地域再生に資する外部経済効果などの高い民間プロジェクトに対する民間資金の誘導促進策が必要であると位置づけられた．そして，地域再生法の制定に伴い，地域再生の支援メニューの一つとして「地域再生税制」が創設された．

05年4月22日に閣議決定された地域再生基本方針において，民間のノウハウ，資金などの活用促進に関する基本的な方針として，「医療，福祉，地域交通など，従来，公的主体が担っていた事業分野や，リサイクル，新エネルギーなどの環境負荷の低減，地場産業支援のための試験研究，商品開発，販路拡大などの促進といった政策的意義が高いものの，収益性の観点から民間事業者の積極的参入が期待できない事業分野については，地域再生に資する経済的社会的効果の高いものとして，民間からの投資を促進するための誘導措置を講ずる．これにより，地域全体にとって意義のある民間事業の円滑な推進を図るとともに，「官から民へ」の改革の流れを一層加速する」と位置付けられた．

このように，地域再生税制は，採算性が低いものの社会性のある事業を行う会社を想定しており，かつ，この事業会社に対して投資した個人投資家について税制上の優遇措置を適用することで，こうした事業に対する民間投資を誘導していくためのインセンティブ措置として講じられた．

3.2 制度適用の認定要件

税制上の優遇措置を受けることができるのは，地域再生に資する事業を行う会社に対する個人投資家である．「地域再生に資する事業を行う会社」

とは，認定地域再生計画に記載されている地域再生事業を行い，一定の要件を満たすとして内閣総理大臣が指定する「特定地域再生事業会社」であって，その株式を取得した個人は，投資額控除などの課税の特例の適用を受けることができる．

なお，株式は会社設立時に発行される株式のみならず，既存の会社における増資により発行される株式も対象である．また，取得形態については，直接的な取得にとどまらず，ファンド（民法組合，投資事業有限責任組合）を通じての取得も対象となる．

地域再生に資する事業としては，従来，公的主体が担っていた事業分野や，政策的意義が高いものの，収益性の観点から民間事業者の積極的参入が期待できない事業分野を位置づけている．具体的には，①医療施設，社会福祉施設，教育文化施設，地域交通施設などの公益的施設の整備・運営に関する事業，②新エネルギー施設，リサイクル施設などの環境への負荷の低減に資する施設の整備・運営に関する事業，③地場産業の支援に資する生産施設，加工施設，流通販売施設，試験研究施設，技能習得施設などの整備・運営に関する事業とされている（地域再生法施行規則第3条）．

このように地域再生事業としては3つのカテゴリーを設けており，限定列挙方式としているものの，地域貢献活動としてはさまざまなものが想定されることから，法律の規定は広範囲に解釈できる余地を残している．

特定地域再生事業会社の指定の要件については，雇用機会の創出や地域経済の活性化という適切な経済的社会的効果を及ぼす事業を行う主体であるかどうか，また，地域再生に資する事業を継続的に実施する主体となりうるかどうかといった観点から，①常時雇用者が10人以上であること，②地域再生事業を専ら行う株式会社であること，③地方自治体が発行済株式の総数の100分の5以上3分の1以下の株式を保有していること，④非上場会社，非店頭登録会社であること，⑤中小企業者であり，大規模法人の子会社ではないこと，などが要件とされている（地域再生法施行規則第6条）．

まず，①については，一定程度の経済的社会的効果を及ぼす事業を行う

主体としては相応の常時雇用者がいるべきとの考え方を背景として設定された．また，この常時雇用者は，雇用契約の形式の如何を問わず，事実上の期間の定めなく雇用されている者で，パートタイム労働者であっても対象となるケースがある．なお，地域再生の推進による効果を具体的に把握できる指標として，雇用機会創出の効果をとりわけ重視していることも背景にあり，地域再生計画の認定申請の際には雇用機会の創出に係る具体的効果を必須記載事項としている．ちなみに，特定地域再生事業会社の要件として新規に創設する会社とはしていない．

②の「地域再生事業を専ら行う」という要件については，この税制があくまで地域再生事業への資金誘導のインセンティブを付与するものであるため，課しているものであるが，例えば会社の売上高の7割以上が地域再生事業でなければならないといった定量的な制限を課しているものではない．なお，地域再生事業とは関連がない事業に対して資金誘導がなされるのは，地域再生税制の政策目的に照らすと問題がないとは言えない．したがって，当該会社の事業ウェイトとして過半を占めていることが望ましいと考えられる．また，地域再生事業の主体として株式会社に限定しているが，NPOや公益法人なども対象にすべきとの意見がある．この点については，NPOであればNPO税制，公益法人であれば公益法人税制という税の優遇措置が別途存在しているため，地域再生税制においては株式会社のみを対象とした．よって，NPOや公益法人を積極的に排除したものではない．

③の要件で地方自治体の出資を必要としている背景としては，地方自治体自らが一定額出資することにより，特定地域再生事業会社が行う事業の公益性，必要性をコミットするという姿勢を客観化できると考えたためである．一方，地域再生税制は民間のノウハウ，資金を活用した民主導の地域再生の推進策であり，地方自治体の関与に歯止めをかける必要がある．そこで，定款の変更，事業譲渡などの会社における重要な事項（特別決議事項，会社法第309条第2項）に拒否権を発動できる場合には地方自治体の関与の程度が強いものと考えられるため，拒否権を発動できない水準，

つまり上限として発行済株式の総数の3分の1以下という水準を設定した．なお，下限の100分の5という水準に関しては，必要最小限の関与の程度を考慮して設定した．

④，⑤の要件については，地域再生税制が特定地域再生事業会社における資金調達を支援するための税制優遇措置であることに鑑み，上場会社か店頭登録会社であれば，マーケットからの信用があることが推定され，また，大規模法人の子会社であれば，親会社から資金を調達する途があると考えられ，これらの会社については相応の資金調達能力があるとして対象外とした．

3.3 優遇措置の内容と効果

税制上の優遇措置の内容は，①投資額控除（特定地域再生事業会社に対する投資額について，投資を行った年分に生じた株式譲渡益から控除），②損失繰越（特定地域再生事業会社の株式について，譲渡損失が生じた場合には3年間の損失の繰越控除），③譲渡益圧縮（特定地域再生事業会社の株式について，譲渡益が生じた場合には税負担を通常の2分の1に軽減する），というものである．税制措置としては，ベンチャー企業への資金誘導措置であるエンジェル税制における特定中小会社の範疇に，特定地域再生事業会社が位置づけられた形となっている（地域再生税制の実際の効果の説明は，本書の終章第3節を参照）．

3.4 政策的な有意性

地域における公共サービスの提供主体として，最近では地域住民のニーズの多様化，当該ニーズへの行政の対応の限界などを背景として，地方自治体だけでなく，多様な民間主体が担い手として出現している．特にNPO（特定非営利活動法人）の存在が注目されている．NPO（Nonprofit Organization）の名のとおり，利益を追求しない形態であるからこそ，利益を追求すべき対象ではないと一般に考えられる地域貢献活動の担い手として相応しい存在であると認識されている．NPOは簡易な手続きで法人

格を保有することができ，今後も地域貢献活動の担い手として最たる存在であり続けるだろう．

しかし，持続可能な地域再生を推進していくという観点からは，地域貢献活動をコミュニティ・ビジネスとして捉える必要もある．そこで，ビジネスとして捉えると，ある程度の利益を追求すべき担い手を考えなければならず，NPOよりは，株式会社という器を活用することが望ましい場面も想定される．持続可能性という観点からは，株式会社はゴーイング・コンサーン（企業の存続可能性）を前提とした存在であり，また，財務状況などの適切な情報開示が求められており，資金調達能力という面でも期待される存在である．

以上のように，地域貢献活動の担い手として，NPOだけでなく，株式会社形態も積極的に活用できる機会が増えており，そういった方向性を誘導するツールとして地域再生税制がある．そして，こうした考え方は，地域住民に企業的感覚を植え付けることにつながり，生活者意識のもとに地域貢献活動に参画するというコミュニティ・ビジネスをさらに発展させることにも寄与することになるだろう．

また出資者のメリットとしても，出資に対する配当という形での金銭的リターンを超えて，金銭的価値にとどまらないリターンのあり方も創造できるといえる．

一方，税制上の優遇措置の適用があるのは，地域再生に資する事業を行う会社に対する個人投資家であり，地域の資金を地元のために役立てる，投資を通じて地域住民自らが地域の課題に積極的に参画するという活動を後押しすることにつながる．また，個人が地域に役立つ事業を行う会社に株主として直接参画することは，多様な担い手による地域再生の推進に寄与するといえよう．

資金の出し手は地域住民に限定されているわけではなく，全国どこにいる人でも資金を出すことができ，遠く離れたふるさとへの愛着から出資し，地域再生の担い手になることができるというメリット，つまり「郷土愛」の醸成にも役立つかもしれない．また，その地域に生まれ育った人でなく

ても（金銭的なものに限定されない）リターンを期待して出資することも可能である．地域社会への住民参画の新たな在り方を示すものともなりえよう．

この場合，地域再生に資するという社会性を評価して投資する個人投資家がどれだけ地域に存在するかが問題となる．最近のさまざまな投資状況，例えばエコファンドなどの動きをみると，金銭的価値を超えた価値に投資をする投資家もいる．単なる金儲けのためではなく，地域再生のために投資しようと思わせるプロジェクトを地域一丸となって立ち上げることが前提となるが，その努力は決して無駄なものにはならないだろう．

3.5　第三セクターの新たな有効活用へ

地域再生税制では，特定地域再生事業会社の指定要件の一つとして，地方自治体の一定程度の出資を要件としているが，これにはいわゆる第三セクター（三セク）が該当する．

国や地方自治体と民間企業が共同出資して設立した法人である三セクは，民間の経営ノウハウを活用して地域のインフラ整備を進めるなど地域振興策の一環として設立されてきたものが多い．しかし，バブル崩壊後，鉄道や観光施設を中心に事業見通しの甘さから経営が悪化し，膨大な債務を抱え破綻する法人が増加している．地方自治体が損失補償をしていると，三セクの経営破綻が自治体財政の圧迫要因となってしまう．三セクと言えば「失敗の代名詞」として決して良いイメージは持たれていない．

三セク方式が失敗している背景としては，バブル経済の崩壊という外部経済環境の変化とともに，官と民の責任分担の不明瞭，情報開示の不徹底，三セク経営陣に自治体出身者が多い点などが挙げられるが，決して三セクという形態自体をとれば失敗するということが内在化しているものではない．もちろん外部経済環境の変化への適切な対応は求められるが，内的要因としての官と民の責任分担の問題や情報開示のあり方，そして企業経営のノウハウを有する人材の登用をクリアできれば，三セク形態は地域貢献活動の主体として相応しいものと考えられる．

地域再生税制における特定地域再生事業会社という概念は，以上のような従来型の三セクとは異なる，新たな三セク形態を提示するものであり，三セク改革のツールとして活用できる．地域内や外部地域から出資を募るためには，地方自治体，地域企業，地域住民等のステークホルダーの役割分担が明確化されている必要があり，かつ，投資家に対する適切な情報公開（事業内容，財務状況など）が必要である．従来の三セクでは地域住民の出資を募ることはほとんどなかった．今後は地域住民が自らお金を出すことにより，株主としてのチェック機能を果たすことが期待されている．

　地域交通や社会福祉などの公益的事業，地場産業支援や地域エネルギー支援を行っている三セクは多く存在している．こうした会社について地方自治体の出資比率を低くし，関与を縮小することで，特定地域再生事業会社に衣替えしていくことが考えられる．

　地域再生税制の実際の活用事例はまだ多くないが，主なものを章末に掲載する．

4　再チャレンジ支援寄附金税制の創設

　06年春から，政府は国民に多様な機会が与えられ，仮に失敗しても何度でも再挑戦が可能となる仕組みの構築に向けた検討を開始し，同年5月に「再チャレンジ可能な仕組みの構築（中間とりまとめ）」が策定された．この中で，働き方，学び方，暮らし方の複線化やさまざまな状況にある者への再チャレンジ支援策などが盛り込まれた．

　再チャレンジ支援寄附金税制は，この中間とりまとめの後，06年9月頃から検討が開始された．行政主導の再チャレンジ支援策だけでなく，民・民の相互扶助を重視し，前例のない民・民の寄附税制の創設を検討することとなった．この新税制は，①再チャレンジする人の支援となると同時に，地域における交流の創出により地域の活力の再生につながること，②地域再生法に基づく地域再生制度に位置づけること——とされた．

　06年9月に内閣官房内に再チャレンジ担当室が設置され，地域再生法

を所管する地域再生事業推進室と再チャレンジ担当室が協力し，制度化に向けた作業，財務省他の関係省庁との調整を進め，07年2月に本税制を盛り込んだ「地域再生法の一部を改正する法律案」を国会に提出，国会審議を経て，3月28日に成立，4月1日に施行された．

4.1 税制の目的と仕組み

再チャレンジ支援寄附金税制は，地域の民間会社やNPOなどが行う再チャレンジする人への支援事業に対し，寄附を行った寄附者について，税制上の優遇措置を講じるというものである．

再び社会で活躍したい高年齢者，出産などによりいったん退職した後，再度社会で活躍したい女性，フリーターから正社員を目指す青年などの再チャレンジに関し，地域の民間会社による雇用促進や雇用環境の整備などへの支援，地域のNPOによる相談などへの支援を広げることが目的である．

この税制は，大別して次の2つの制度によりなっている．

①再チャレンジ支援に取り組む地域の民間会社（地域再生計画の区域内に所在する会社）に対する，法人からの寄附に対し，地方自治体が寄附の公益性を確認した場合には，法人税（並びに法人住民税と法人事業税）の特例措置を講じるもの（以下，「直接型」という）．
②再チャレンジ支援に取り組む地域の民間企業やNPOなど（地域再生計画の区域内に所在するもの）に対する助成を行う地域の公益法人に対する，個人または法人からの寄附に対し，所得税，相続税または法人税（並びに法人住民税と法人事業税）の特例措置を講じるもの（以下，「間接型」という）．

直接型は，民間会社などの法人から民間会社へという資金の流れに対し，税制上のメリットを与えるものだが，不適切な所得移転により租税回避が行われる可能性がある．このため，その対象となる取り組みについて，公

的に確認ができる範囲に限定する必要があった．また，公的な確認を行う地方自治体の事務負担を考慮し，寄附者については，比較的大口の寄附を行い，かつ件数が比較的に少ないことが想定される法人のみを対象とした．

このような直接型の各種制約を補完するため，民・民の寄附を直接ではなく，公益法人を介して行う制度として，②の間接型が導入された．間接型については，寄附の流れに注目すれば，公益法人への寄附に対する税制上の優遇措置であり，既存の制度（特定公益増進法人制度）が存在する．このため，同制度を参考にして，公益法人が地域において再チャレンジ支援を行うさまざまな主体についてスクリーニングを行い，寄附金を原資に助成を行う仕組みを導入した．

再チャレンジ支援寄附金税制の特例の内容については，直接型の税目が法人税（またこれと連動する法人住民税と法人事業税）に限定されていることを除き，既存の公益法人やNPOに対する寄附の特例（寄附金額の控除や損金算入等）の内容と同一とした．

4.2　制度適用の認定要件

直接型は，地域再生計画の認定を受けた地方自治体が指定する，同計画の区域内に所在する会社（特定地域雇用会社）が事業実施主体となっており，主に以下の要件を充たすことが求められている．

①次の（1）から（3）のいずれかを充たすこと（地域再生計画に規定されている事業内容と符合すること）
　（1）高年齢者を5人以上かつ15％以上雇用し，かつ，70歳まで働ける制度を導入すること
　（2）障害者を5人以上かつ5％以上雇用すること
　（3）母子家庭の母を5人以上かつ3％以上雇用すること
②必要な経理的基礎を有すること
③公の秩序または善良の風俗を害するおそれのある事業を行わない　等

特定地域雇用会社は，会社法上の会社を対象としている．

一方，間接型は，地域再生計画の認定を受けた地方自治体が指定する，同計画の区域内に事務所などを有する公益法人（特定地域雇用等促進法人）が，区域内で再チャレンジ支援を実施する者の助成主体となっており，主に以下の要件を充たすことが求められている．

①以下の（1）から（7）の事業を主たる目的の事業として行うこと（地域再生計画に規定されている事業内容と符合すること）
　（1）高年齢者の雇用に関し，その意欲や能力に応じた勤務時間制度の弾力化等の事業
　（2）障害者の雇用に関し，その意向や障害の特性に応じた作業施設の改善等の事業
　（3）フリーター等若者の採用機会の拡大や不安定な雇用状態の是正等の事業
　（4）妊娠，出産または育児による退職者の再雇用特別措置等の次世代育成支援対策
　（5）若者の職業的自立のための支援
　（6）配偶者からの暴力の被害者や母子家庭の母に対して自立して生活するための助言等の事業
　（7）多重債務者に対しての弁済方法に関する相談や助言等の事業
②地域再生計画の区域内に事業所がある個人または法人に対して，事業を行っていること
③運営組織及び経理が適正であると認められること
④相当と認められる業績が持続できること　等

また，間接型においては，制度創設に向けた検討の中で寄附者に対しても要件が課せられ，個人については地域再生計画の区域内に住所や勤務場所などを有すること，また，法人については同計画の区域内に事業所などを有することとされた．

公益法人については，現在，公益法人制度改革が検討され，法令の整備が進められ，その中で公益法人に対する寄附の税制措置についても検討が行われている．本税制についても，この公益法人制度改革の中で，必要に応じ見直しが行われていくことになる．

　今後，地域による再チャレンジ支援税制の積極的な活用を通じ，民間が公的な役割を担うことが促進され，ひいては，わが国の寄附文化の発展に資することが期待される．

〈地域再生税制の活用事例〉

Ⅰ：バイオマス事業などの地域エネルギー支援＝神奈川県三浦市

　「6 次経済の構築による三浦スタイル展開プロジェクト」05 年 7 月，地域再生計画認定

　三浦市は「三崎まぐろ」を中心に水産業が盛んである．そこで，水産加工品などの残渣を使ったバイオマス発電施設の整備に必要な資金を，地域再生税制や日本政策投資銀行の低利融資を活用して調達し，ゼロ・エミッション漁港を構築することが計画の柱である．「三浦地域資源ユーズ株式会社」が 06 年 7 月に設立され，この会社が特定地域再生事業会社として発展する計画となっている．映画やドラマのロケが頻繁に行われる地域の景観を観光資源化するなどの取り組みも進めている．

Ⅱ：地場産業支援＝長野県諏訪市

　「ものづくりメッセ諏訪構想に基づく諏訪地域再生計画」05 年 11 月認定

　諏訪市は精密機器を中心としたものづくりが強みであるが，地域再生税制や日本政策投資銀行の低利融資を活用して，官民で新会社を設立し，諏訪湖畔に面した工場跡地をものづくりや文化芸術・観光などの振興に資す

る一大交流拠点として整備再生し，活性化を目指している．

6 官民連携と地域密着型金融
持続可能な政策展開への序奏

　これまで，地域の政策課題は，地域の自治体がその解決に取り組んできた．しかし，地域を取り巻くさまざまな環境変化のもと，解決すべき課題が拡大，多様化するなかで，厳しい予算制約のある地方自治体に全てを委ねることは困難になってきている．

　こうしたなか，まちづくり，新産業創出，教育，福祉，環境，防災，防犯など，地域が担うべき政策課題に対し，民間企業，大学，自治会・町内会，市民団体，NPOなど，地域内外の多様な主体が課題解決のため，積極的に参加・連携する「官民連携」の動きが広まってきている．

　いうまでもなく，そうした取り組みが行われるためには，必要な資金が確保されることが必須となるが，個々の事業の中には，通常の経済活動に比べて，相対的に収益性が低いのが一般的であり，資金調達も容易ではない．

　ここで注目したいのは，地域の金融機関による「地域密着型金融（リレーションシップバンキング）」の展開とその可能性である．また，地域住民を中心とした寄付や出資などにおいて，価値観の共有や信頼といった要素と金融手法を組み合わせながら資金を確保しようとする動きも注目に値

Ⅱ　地域再生制度とファイナンス・人材

する．各地域で独自の資金調達手法を検討・開発していくことは，地域政策への多様な主体による参加・連携を促進する上で，意義のあることと思われる．

　本章では，官民連携による地域の課題解決への取り組みと，カネの問題を取り上げる．近年の特徴的な資金調達手法をいくつか紹介しつつ，その可能性を探る．また章末に，官民連携に基づく地域再生計画の実例を掲載する．

1　担い手の多様化と金融機関の公共的役割

1.1　世界的潮流としての官民連携

　1980年代以降，官民連携は行政経営の考え方として世界的潮流となってきた．公民連携・PPP（Public-Private Partnerships）とも言われるが，80年代の先進各国の新保守主義の下での政策に原点を求めることができよう．79年に始まる英国サッチャー政権下での国営企業民営化や強制競争入札制度（CCT: Compulsory Competitive Tendering）の導入からの流れは，その後継であるメージャー政権での92年のPFI（Private Finance Initiative）導入により一層の進展を見せ，90年代後半のブレア労働党政権でもPPPとして現在に継承されている．米国では，81年のレーガン政権以降の規制緩和と民営化は，ブッシュ（父），クリントン，ブッシュ現政権と現在まで一貫した流れとなっている．

　日本においても，81年の臨調（臨時行政調査会）設置，82年の中曾根政権以降に本格化した民営化の流れは，国鉄・電電・専売の三公社民営化や99年のPFI法の制定を経て，2005年の郵政民営化法や06年の行政改革推進法，公共サービス改革法（「競争の導入による公共サービスの改革に関する法律」）制定などの大きな政治的潮流となっている．

　官民の連携領域は，純粋な公共事業と純粋な民間事業の間の全ての領域であり，非常に広い概念である．公共事業で民との連携が不要な事業はほ

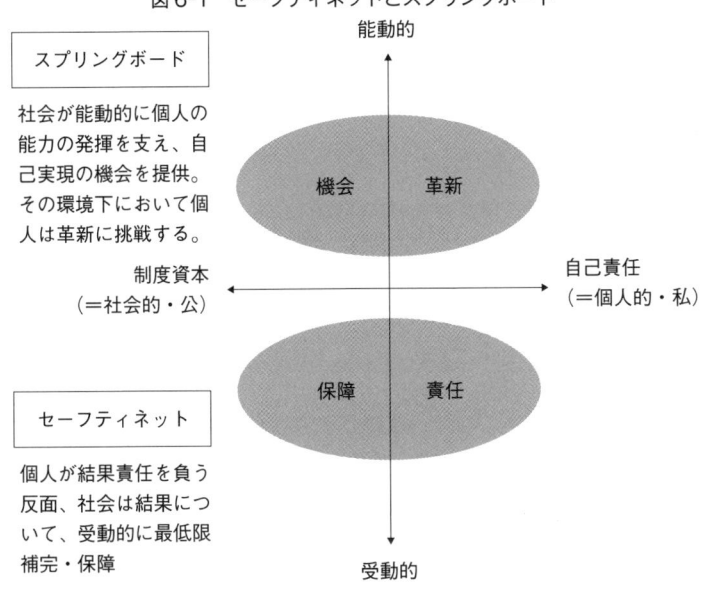

図6-1 セーフティネットとスプリングボード

スプリングボード
社会が能動的に個人の能力の発揮を支え、自己実現の機会を提供。その環境下において個人は革新に挑戦する。

（縦軸：能動的／受動的、横軸：制度資本（＝社会的・公）／自己責任（＝個人的・私））

上側楕円：機会　革新
下側楕円：保障　責任

セーフティネット
個人が結果責任を負う反面、社会は結果について、受動的に最低限補完・保障

（出典）塩野谷祐一（2002）『経済と倫理　福祉国家の哲学』（東京大学出版会）などより日本政策投資銀行作成．

とんどなく，民間事業でも官との適切な連携により事業が安定化できる分野は多い．PFIや民営化，指定管理者制度，公設民営，業務委託など官の分野に民の力を導入すること，官民の連携・協働による地域開発・地域おこし，地場産業振興やまちづくりなどへの民間事業の誘導など，適切な官民連携は地域の活性化の重要な要素である．

官民連携による公共部門の効率化・重点化を進めていくにあたって，公共部門の関与や役割を考える視点として，「セーフティネット」と「スプリングボード」が考えられる（図6-1）．官＝公共部門が責任をもって取り組むべき「セーフティネット」とは，例えば，環境保護，国土保全，安全保障などである．一方，公共部門が民間の自助努力を支援する「スプリングボード」とは，具体的には規制緩和や税制改革による市場創造，モデル・ノウハウの提供，情報発信支援である．

官民の多様な主体が役割分担をして連携を進めていく際の「スプリングボード」で重要なのは，公共部門が正しく制度設計を行い，モニタリング

Ⅱ 地域再生制度とファイナンス・人材

図 6-2 官民の役割分担によるリスク縮小

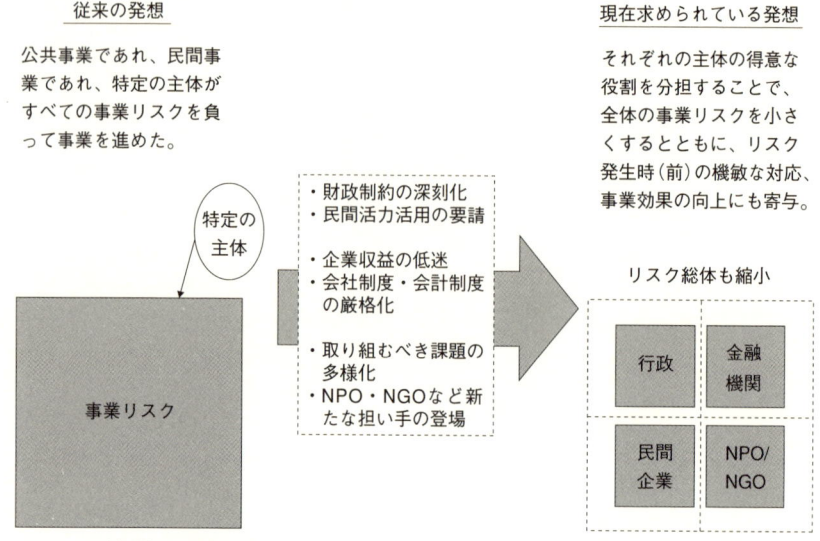

従来の発想

公共事業であれ、民間事業であれ、特定の主体がすべての事業リスクを負って事業を進めた。

特定の主体

事業リスク

・財政制約の深刻化
・民間活力活用の要請

・企業収益の低迷
・会社制度・会計制度の厳格化

・取り組むべき課題の多様化
・NPO・NGOなど新たな担い手の登場

現在求められている発想

それぞれの主体の得意な役割を分担することで、全体の事業リスクを小さくするとともに、リスク発生時（前）の機敏な対応、事業効果の向上にも寄与。

リスク総体も縮小

| 行政 | 金融機関 |
| 民間企業 | NPO/NGO |

（出典）日本政策投資銀行作成.

をしっかりと実行することである．これはPFI事業など官民連携事業における基本的な考え方であり，公共部門の役割が効率化・重点化され，直接的・量的な財政支援の縮減にもつながる．構造改革特区や地域再生などの制度スキームもその一例である（本章末の事例集を参照）．なお，「セーフティネット」のような公共部門の役割についても，効率性確保のための官民連携が可能な限り検討されることが必要である．

多様な主体がそれぞれの得意な役割を分担することは，より効果的・効率的な社会的サービス等の提供や事業リスクの低減と事業安定化にもつながる（図6-2）．役割分担すること，責任と果実（リスクとリターン）の関係を明確にすることは，金融の経験から得られたプロジェクトファイナンスの基本的な考え方であり，PFI事業など今日の官民連携事業の基本原則ともなっている．

あるリスクを最も効率的にコントロールできる主体が，そのリスクをコントロールすることで全体のリスクが最小化され，事業の効果も増大する．例えば，建設に起因するリスクは建設主体が，運営に起因するリスクは運

営主体が,政治や行政に起因するリスクは行政が分担することで,リスクを顕在化させないインセンティブが働き,リスク発生時にもリスクを最も良く知る主体による効率的な対応が可能になる.さらに,リスクすなわち明確な責任を負担して各々の得意な分野を担うことで,効率的な事業遂行,事業効果の向上にも資することとなる.

それぞれの地域においても今後,財政難の深刻化に伴う自治体の役割の一層の効率化・重点化が求められる一方で,地域の住民,ニーズの高まりを考えれば,地域課題の解決に向けて多様な主体の参加,官民の連携と役割分担が可能な限り検討されることが,地域活性化のカギとなる.

1.2 資金制約という壁

地域の課題解決に向け,多様な主体が連携・協働していくことが望ましいことだとして,個々の事業を推進していくためには,各主体の役割に応じて地域において必要な資金が確保されることが求められるが,実際にはそこに制約が存在する.

例えば,現在の地域金融全般の状況を見てみても,近年の倒産件数減少の一方で,開業率が廃業率を下回っていることなどから,地域で必要な事業に円滑に資金供給が行われていない可能性がある(図6-3,表6-1).このことは近年の預貸率(地域での貸出÷預金の比率)の低下からも推測される(図6-4).

また,わが国の担保別貸出金と地価の動向を見ると,バブル崩壊後の地価下落に伴い1990年代以降,有担保貸出金が大幅に減少し,無担保貸出金がそれを補いきれていない.このことからも土地担保依存による信用収縮を見ることができる.例えば,2000年を100とする市街地価格指数と担保別貸出金残高の推移を見ると,市街地価格指数はピークの91年の148から2004年には72とほぼ半減し,有担保貸出金もピークの92年の207兆円が04年には96兆円と同じくほぼ半減する一方で,無担保貸出金は91年の327兆円から増減はあるものの04年で319兆円とほぼ同水準となっている(図6-5).

Ⅱ 地域再生制度とファイナンス・人材

図6-3 事業所数に対する倒産件数の比率

(出典)東京商工リサーチ「全国企業倒産白書」,総務省資料より日本政策投資銀行作成.

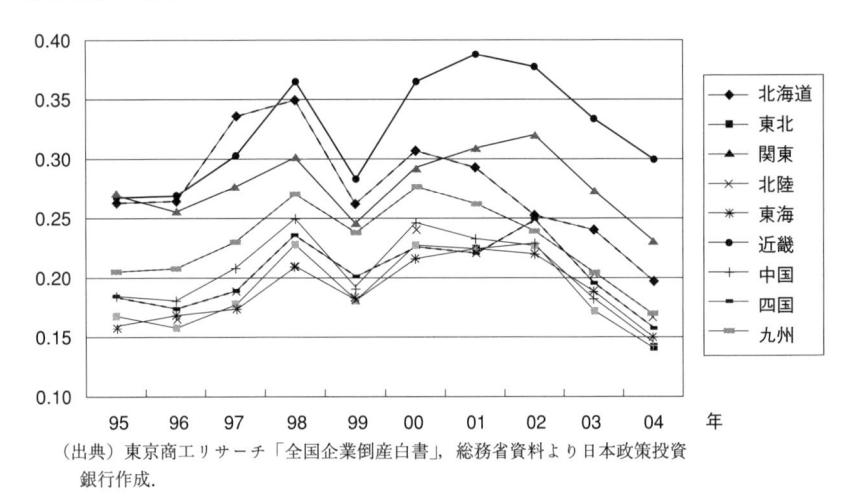

表6-1 民間事業所の開業率・廃業率(2001〜04年)

	開業率(a)	廃業率(b)	(a)−(b)
北海道	12.21%	18.36%	−6.15%
東北	10.29%	15.59%	−5.30%
関東甲信	12.85%	18.43%	−5.58%
北陸	8.88%	14.68%	−5.80%
東海	10.54%	16.18%	−5.64%
関西	12.74%	18.90%	−6.16%
中国	10.49%	16.30%	−5.81%
四国	9.50%	15.76%	−6.26%
九州	11.89%	17.35%	−5.46%

(注) 開業率=2001〜04年度新設事業所数/2001年度事業所数
　　 廃業率=2001〜04年度廃業事業所数/2001年度事業所数
(出典) 総務省資料より日本政策投資銀行作成.

6 官民連携と地域密着型金融

図6-4 民間預貸率の推移

(出典)日本銀行「金融経済統計月報」より日本政策投資銀行作成.

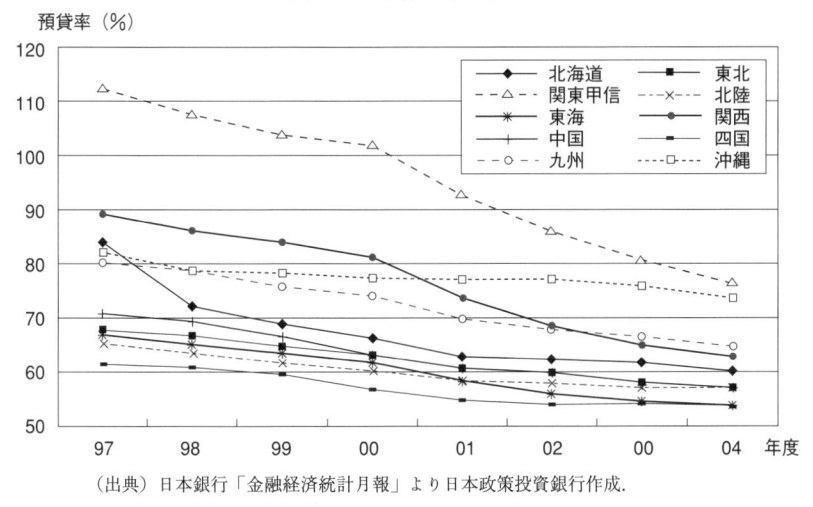

図6-5 市街地価格指数と担保別貸出金残高

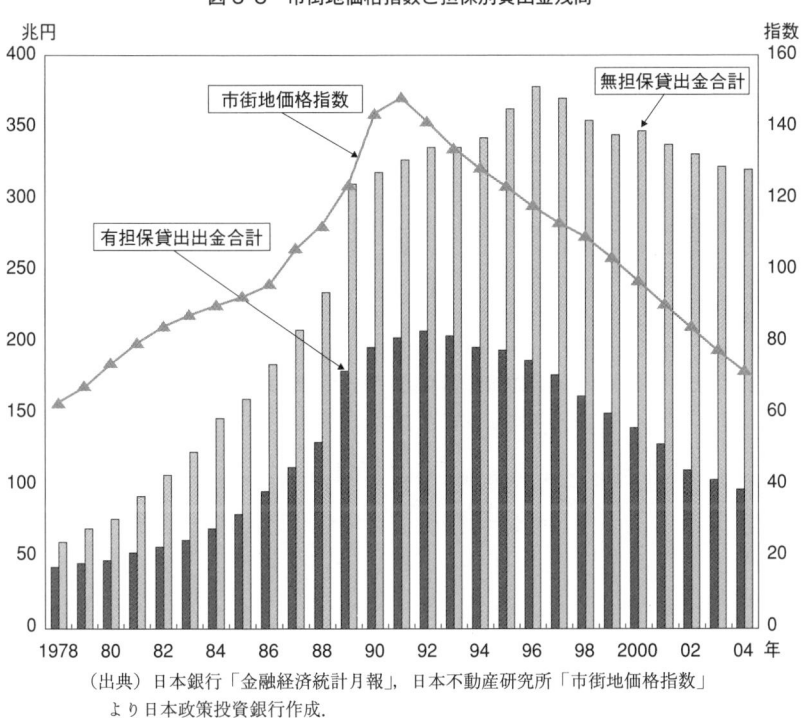

(出典)日本銀行「金融経済統計月報」,日本不動産研究所「市街地価格指数」より日本政策投資銀行作成.

これは，バブル崩壊後の資金需要の低迷やリスクに見合ったリターンが必ずしも取れていないなどのさまざまな要因が考えられるが，金融機関による地域密着型金融の不足もその要因としてあげられる．

　こうした全般的な地域金融の状況のなか，通常の経済活動に比べて相対的に収益性が低い事業に対して，必要な資金が確保されることは，一層難しそうに思える．NPOなどを対象にしたアンケート調査などによれば，資金調達面で困難を抱えているという声が多く聞かれる．内閣府の05年度「市民活動団体基本調査報告書」によると，NPO法人の運営上の課題として，「活動資金が不足している」が1位を占め，スタッフの人件費や賃料をまかなうための資金調達が難しいことがうかがえる．また，人件費をまかなうことが困難であれば，事務局スタッフも不足しがちとなろう．

1.3　地域密着型金融の積極的展開

　地域の課題解決に向けた取り組みと言っても，その事業性の程度はさまざまであり，一概には言えない．しかし，資金調達に一定の役割を果たす可能性があると思われるのが地域密着型金融である．地域密着型金融とは，担保依存ではなく定性的な情報を重視するとともに，金融機関による経営指導などを伴う金融手法であり，リレーションシップバンキングとも言われる．長期継続する関係の中から，借り手企業の経営者の資質や事業の将来性などについての情報を得て，融資を行うビジネスモデルである．この反対概念はトランザクションバンキングで，個々の取引毎の採算を重視し，融資にあたっては財務諸表や客観的データから算出されるクレジットスコアなどの定量的指標を重視するビジネスモデルである．どちらのビジネスモデルが優れているというものではなく，それぞれに長所と短所や問題点があるが，トランザクションバンキングが大規模・地域横断的な金融機関に適しているのに対し，リレーションシップバンキングは小規模の地域限定的金融機関に適したビジネスモデルとされている．

　本来は，この地域密着型金融・リレーションシップバンキングにより，定量的な企業評価の技術を持つ金融機関が，地域に密着し定性的な企業情

報を入手・分析して担保に依存しない金融を行うことで，円滑に地域への資金供給を行うことが必要である．しかし，地域企業側の情報開示不足や金融機関側の評価技術不足により，情報の非対称性が生じ円滑な金融が行われていない可能性が高い．さらに，金融機関側が会計やマーケティングなどの経営技術を企業に提供・指導することで地域企業の経営技術を補完してその経営を安定・発展させ，それにより金融機関側の信用リスク低減にもつなげることが重要だが，それも十分ではないと考えられる．

　金融庁が03年3月に策定した「リレーションシップバンキングの機能強化に関するアクションプログラム」と，その後継の「地域密着型金融の機能強化の推進に関するアクションプログラム」は，そうした問題点を克服しようとするものである．地域に密着した地域金融機関が役割を十分に発揮し，その「目利き力」により地域で活きた資金が有効に循環し，さまざまな地域ビジネスが生まれ成長することで，今後の地域活性化が実現することを目指すものである．

　こうした地域密着型金融の展開においても，多様な主体が連携し，それぞれの得意な役割を分担していくことは有効であろう．それにより，情報の非対称性が一部是正されるなど，信用リスクなどの低減が図られ，金融の円滑化につながる可能性があるからである．地域企業の事業資金についてはもちろんのこと，地域で生活関連サービスなどを提供しているNPOや営利を目的としない株式会社などへの支援・融資においても，事業に応じたさまざまな連携の仕方があろう．例えば，地域の金融機関が，事業計画のヒアリングや現地調査など金融における情報生産の役割の一部を地域の市民活動に詳しいNPOに担当してもらう，といったことが考えられる．

　すでに東京都信用組合協会（社団法人）は，地域社会に密着した，社会的意義のある事業の開業資金を融資する制度「東京市民バンク」を設けている．市民バンク事務局による事業計画のヒアリング，現地調査や，有識者を交えた評議会の最終判断といったプロセスを経て，設備資金700万円，運転資金500万円を上限に融資を行っている．物的担保は取らないが，人的担保として，連帯保証人を2名以上とることになっている．

また，自治体と地域金融機関の連携例としては，三鷹市の制度がある．これは，NPO法人が地域の金融機関から融資を受けた場合，市が利子の一部を補填するというものである．

これらの取り組みは，今後の地域密着型金融の一つの態様としても位置づけうる．

また，地域密着型金融の機能を発揮して地域再生プロジェクトを効果的に生み出す上では，単なる資金供給のみならず，地域のネットワークの活用や新たな金融手法の適用なども重要である．例えば，中堅・中小製造業の技術支援・成長力強化のための官民のネットワーク，地域再生法に基づく「地域再生計画」のさまざまな支援メニューパッケージ，市場原理を活用した新しい金融手法の開発・適用（事業再生，ベンチャーファイナンス，プロジェクトファイナンス）などである．地域密着型金融・リレーションシップバンキングもその一つとして位置づけられる．

これらは複数の地域再生プロジェクトを生み出していけるという意味で「プラットフォーム」と呼ぶことができるものであり，地域における一種の公共財として幅広く利用されることが望ましい．こうしたプラットフォームを提案・構築し，地域において具体的なプロジェクトを円滑に進めていき，それをつなげていくことで地域を面的に再生・活性化していくことが，金融機関の公共的役割として重要である．

2　多様な資金調達スキームの登場

地方自治体による助成金，地域住民や企業などからの寄付金や出資についても，各地域で多様な手法がみられ始めている．

助成金については，たとえば，05年度からスタートした千葉県市川市の「市民活動団体支援制度」（詳しくは以下のホームページを参照．http://www.genki365.com/ichikawa/ichikawa_volunteer/nouzei.htm）が有名である．これは，条例（「市川市納税者が選択する市民活動団体への支援に関する条例」）に基づき，活動（事業）計画を市に提出し支援金の

交付を希望する市民活動団体のうち，一定の要件を満たす団体をリスト化し，その中から，納税者が支援したい団体を3団体選び，選定された団体の事業費（運営費は対象外）に個人市民税額の1%の支援金を交付（上限事業費の2分の1）する制度である．納税者は，団体を選択せず「市川市市民活動団体支援基金」に積み立てることも可能である．上記以外に，自治体が創設した基金に寄付を募る，あるいは住民が納めた税の一定割合をプールし，助成を希望し登録申請を行ったNPO法人のなかから，市民，有識者などからなる審査会の審査を踏まえて，自治体が助成先を決定するといった仕組みを導入しているところも増えている．

　また，民間ベースの取り組みとして，例えばNPO法人「市民社会創造ファンド」（ホームページ　http://www.civilfund.org/）による助成プログラムがある．これは，NPOなどの活動に詳しい有識者委員会が目利き役となり，意義ある取り組みをしている民間非営利団体に対し，資金調達が難しい人件費，運営費などへ民間企業からの寄付金を利用して助成するものである．

　NPOと株式会社をうまく組合せて，市民から出資を集めている例もある．例えば，NPO「グリーンエネルギー青森」（ホームページ　http://www.ge-aomori.or.jp/）の場合には，NPOが風力発電事業を行うが，資金調達は，株式会社「自然エネルギー市民ファンド」が出資を募り，その資金を事業者たるNPOに貸し付ける．事業開始後は各風力発電事業者から電力会社への売電収入を原資に「自然エネルギー市民ファンド」に対して元本の返済と金利の支払いが行われ，その後，「自然エネルギー市民ファンド」が出資者に対し，出資元本と利益分配金を償還する．このうち後者の利益分配金は，事業者から返済された貸付金の利息相当部分から営業費用を差し引いた営業利益のうち，ファンドの取り分を除いたものが充てられることになっている．「自然エネルギー市民ファンド」は，営業者の形態が有限責任中間法人であるものや株式会社であるものを含め，これまでに，5本のファンドを設定しており，いずれも，すべて予定金額を調達しているということである．

3 オンリーワン戦略の実現

　企業会計などの世界で使われる「ゴーイング・コンサーン（継続企業の前提，企業の存続可能性）」という言葉がある．一般的には，投資家の視点に立った企業のリスク情報として使われるが，社会の中で「継続」していくことこそが企業の究極の目的である，といった企業観としても使われることがある．さまざまな地域政策も，継続してこそ意味があるといえるのではないだろうか．

　持続可能な地域政策を実現する上で，多様な主体が自らの得意分野で役割分担しながら参加・連携していくことが，リスクの適切な配分の観点から重要であることを先述した．個々の事業のリスクを最も効率的にコントロールできる主体がそのリスクを負担することで全体のリスクが最小化され，効果も増大する．これは，事業の総体である地域政策を持続可能なものとしていくためのひとつの条件である．

　資金の確保の面についても，連携がひとつのポイントとなってこよう．地域密着型金融の展開のなかで，地域の金融機関，特に，相互扶助・非営利といった特性を持つ協同組織金融機関[1]については，地域・生活に密着した活動を行っているコミュニティ・ビジネスやNPOへの支援・融資などの取り組みが期待されるが，この場合でも，さまざまな主体が同じ地域の課題を共有しながら連携することで，個々の主体が直面する制約を乗り越え，持続可能な資金の流れが確保される可能性がある．先にみた市民バンクの例では，NPOなどが，債務者の情報開発などを行うことにより，そうでなければ，市中の金融機関からの融資が難しかった主体への資金確保を，持続可能な形で可能としている．

　また，助成金や出資についても，各主体間での価値観の共有や信頼といったものをベースに，経済的インセンティブの考慮や金融的なテクニック

---

[1] 協同組織金融機関は，「会員又は組合員の相互扶助を基本理念とする非営利法人」であるとされている（「協同組織形態の金融機関のあり方について」1989年5月15日，金融制度調査会中間報告）．

も活用することで，必要な資金を持続可能な形で確保することもできるだろう．先に見た千葉県市川市の例は，納税者自身が具体的な税金の使途を選定することを組み合わせ，公的資金の運用に納得感を与えるやり方である．これによって，地域住民から評価の高いNPOへの助成が継続的に行われることが期待される．また，「グリーンエネルギー青森」の場合は，NPO法人のため出資に対し利益配当を行うことができないという制度上の制約を，市民からの出資を受けた株式会社を設立することでクリアしている点が評価されている．出資者は，共鳴・共感する活動にお金を出しつつ，一定程度の元本や利益が還元されることで，経済取引としても無理のない形態といえ，実績次第ではあるが，今後も出資が継続していく可能性はある．

その他，事業資金のスキームではあるが，バングラディシュのグラミン銀行が展開してきた「グループ・レンディング」[2]と「テクニカル・アシスタンス」[3]の組み合わせ手法を参考にして，日本政策投資銀行が2001年に「コミュニティ・クレジット」[4]と呼ばれる中小企業向けの金融スキームを開発しているが，これはNPOなどがコミュニティ・ビジネスなどを展開する際の資金調達手法としても参考になる．

個性ある地域づくりとは，アウトプットの話だけではない．資金調達というインプットについても，地域へのこだわりと創意工夫で，その地域にあったやり方を生み出していくことが重要である．ビジネス的な発想や考え方，金融手法などを活用しつつ，地域にとって持続可能なやり方を開発していく努力が，地域全体としての「オンリーワン戦略」実現につながっ

---

2) 融資対象となる個人をグループ化し，グループ内の債務者は互いに連帯保証をする仕組み．グラミン銀行では，5人1組のグループを組成し，そのグループに対して生活資金を融資する．互いに連帯保証しているので，各債務者のモラルハザードを防止するメリットがある．
3) 債務者に対する生活面，資金管理面などについての技術指導．
4) コミュニティで互いに信頼関係にある中小企業同士が，相互協力を目的に資金を拠出し連携することで，構成員個々の信用よりも高い信用を創造し，それを担保に金融機関から資金調達をする仕組み．

ていくだろう.

〈官民連携・地域密着型金融を活用した地域再生計画の事例〉

I：石川県【企業と地域との協同による新たな子育て支援計画】(05年11月認定)

　石川県は女性の就業率が高く，早くから保育サービスの充実に取り組み，保育所の普及率も全国第1位の「子ども施策先進県」である．同県では，人口減少社会の到来を踏まえ，さらなる子育て支援の充実に取り組もうと，企業の子育て支援に関する全国初の地域再生計画を策定した．

　同計画に基づくのが「ワークライフバランス企業の登録制度」である．これは，子育て支援などに積極的に取り組む企業を登録し，その業務内容を県ホームページなどでPRし，特に積極的な企業を顕彰（知事表彰）する．また，企業と連携し，買い物などの際に多子世帯を優遇するプレミアム・パスポート事業も展開している．日本政策投資銀行は，ワークライフバランス企業に登録されプレミアム・パスポート事業にも参加するなどの要件を満たす企業に対して低利融資制度を設けている．

　福島印刷（金沢市）は，91年から女性従業員の育児休暇取得率100%を継続しており，全社員を対象に勤務時間選択職制度を導入するなど，仕事と子育ての両立をしやすい職場づくりに積極的に取り組む地場企業である．同社が実施する新型DM印刷加工技術の企業化が，再生計画に基づくプロジェクトに認定され，日本政策投資銀行と北國銀行が協調融資を行った．

II：東京都豊島区【「としまアートキャンバス」計画】(05年7月認定)

　豊島区は，区民・NPO・企業・自治体などの協働と共創により，文化を基軸とした地域コミュニティの再生を図る地域再生計画を策定した．

その柱は，廃校校舎の転用の弾力化，文化芸術による創造のまち支援事業，地域再生に資するNPOの活動支援などを通じ，区とNPOが連携して文化芸術による創造的な地域づくりを行うことである．

　そのための拠点として誕生したのが，廃校となった中学校の転用によってできた「にしすがも創造舎」である．劇団や文化芸術団体が作品制作や稽古を行ったり，地域住民とのさまざまな交流事業などを展開している．また，区との間で協定を締結したNPO法人が，06年に日本政策投資銀行と地域金融機関との協調融資を受け，廃校体育館の劇場化工事を実施するとともに，文化芸術イベントを実施している．

　NPOにとっては活動拠点を確保し文化芸術活動を安定的に実施でき，また区にとっても公有財産を有効活用して地域の文化や賑わいを創出できるという効用がある．

Ⅲ：東京都新宿区【歌舞伎町ルネッサンス計画】（05年11月認定）

　新宿区は，歌舞伎町の安全・安心なまちづくりを推進しており，04年度から「歌舞伎町ルネッサンス推進協議会」が中心となって積極的な取り組みを始め，ビルの空室解消と地域活性化を目指す地域再生計画を策定した．

　同計画に基づき，ビルの空室をSOHO用途などに転換し，地域の文化や産業に即したテナントを誘致・育成するとともに，地域とテナントとの相互交流をプロデュースし，地域全体を活性化する歌舞伎町版「家守事業」が実施されている．犯罪インフラを除去し，空室・空ビルを「新宿区の大衆文化の企画，製作，消費の拠点」にふさわしい場所へと再生させることを目指している．

　この計画の実現のために，歌舞伎町ルネッサンス推進協議会の構成団体である歌舞伎町商店街振興組合，歌舞伎町二丁目町会，関係企業，日本政策投資銀行，新宿区が，プロジェクトチーム「喜兵衛プロジェクト」を05年度に発足させた．「家守事業」の事業化へ向け，行政・地元関係者に加え，事業のノウハウを持つ金融機関や有識者が連携して取り組んでいる．

Ⅳ：大分県豊後高田市【豊後高田「昭和の町」づくり計画】（05年7月認定）

豊後高田市では，商工会議所が主導して，寂れてしまった商店街を「昭和30年代」をテーマに「昭和の町」として再生させ，新たな観光スポットとして人気を呼んでいる．市では，こうした取り組みを一層推進するため地域再生計画を策定した．

同計画に基づき，市は，補助事業での店舗・建物などの修景整備やレトロな街路の景観整備を推進し，商店街は，店舗の外観復元（「昭和の建築再生」），店の歴史展示（「昭和の歴史再生」）や1店1品運動（「昭和の商品再生」）などに取り組んでいる．商業と観光の一体的振興による，観光客と住民の双方をターゲットとしたまちづくりである．また，地域再生計画の支援メニューの一つである「地域提案型雇用創造促進事業」を活用し，市や地元経済団体などから構成される協議会が，人材育成事業や人材誘致事業を実施している．

06年には「昭和の町」の計画全体をマネジメントするまちづくり会社「豊後高田市観光まちづくり」が設立され，観光拠点施設の運営を開始した．同社は，市，商工会議所，日本政策投資銀行，地元金融機関，地元企業などの出資によるもので，事業の中核的役割を担っている．

Ⅴ：北海道函館市【函館雇用創出計画】（05年7月認定）

函館市は，地場産業活性化，観光産業の振興などにより，雇用の拡大と地域産業の活性化を目指す地域再生計画を策定した．06年に同計画に合致するプロジェクトとして，道南の観光シンボルであり，日本一の乗降客数を誇る函館山ロープウェイが日本政策投資銀行と北洋銀行の協調融資を受けて設備を拡充し，利用者の利便性・安全性を向上させた．同じく両行の協調融資による五稜郭タワーの新タワー建設も実現した．

日本政策投資銀行，地元金融機関が地域密着型金融の機能を発揮しており，地域再生計画がプラットフォームとして機能している事例である．

Ⅵ：福井県【ふくい産力強化計画】（04年12月認定）

　福井県は，産学官による共同研究や最先端技術開発を推進する地域再生計画を策定した．

　同計画に合致する事業として，染色加工業で培った技術力を活かし，炭素繊維開繊糸織物などの開発・生産を行っているサカイオーベックス（福井市）の開発生産拠点が新設された．また同社，福井県工業技術センター，福井大学，科学技術振興機構との共同研究開発から生まれた最先端技術による製品開発が日本政策投資銀行の融資を受けて行われている．さらに05年には，長年培った高度な独自染色技術を活かし，電磁波シールド材や医療用素材など先端分野へ積極的に進出するウラセ（鯖江市）が日本政策投資銀行と福井銀行の協調融資を受けて生産高度化投資を実施した．さらに，国内眼鏡業界の最大手グループを構成する企業で，形状記憶合金製眼鏡の加工技術に代表される高い技術力・製品開発力を有するシャルマン，ホリカワ（ともに鯖江市）が06年に新製品開発と生産ライン効率化投資を実施している．

Ⅶ：愛媛県愛南町【第1次産業における「愛なんブランド」創出によるまちづくり計画】（05年7月認定）

　愛南町は，新しい発想での水産品や温暖な気候を生かした農産品など，地場特産品のブランド化を進める地域再生計画を策定した．04年4月に設立されたベンチャー企業，オプティマ・フーズ（愛南町）は，無投薬有機ふぐ養殖事業を行い，安全性・信頼性の高い閉鎖循環式陸上ふぐ養殖技術の企業化に成功している．同社は06年に同計画に基づくプロジェクトとして，日本政策投資銀行と愛媛銀行による協調融資を受けて養殖施設を増設し，地域における新たなブランドづくりに取り組んでいる．

Ⅷ：熊本県【熊本県半導体関連産業地域再生計画】（04年6月認定）

　熊本県は，半導体生産技術を核に国際競争力のある地域を目指す地域再生計画を策定した．同計画に合致する事業として05年，日本政策投資銀

行の低利融資を活用して，グリーン，ツィードアンドカンパニージャパン社が，半導体製造装置向けエンジニアリングセンターを新設した．同社は高度な技術を駆使し，半導体，航空機など向け流体封止シール材を製造する世界的企業の日本法人である．06年には地場中堅企業の有明技研が熊本県大津町での半導体製造設備の部品加工工場を新設した．

7 人材拠点としての大学
地域の活力源を目指して

　構造改革特区や地域再生という施策を推進する中で，地域から必ず聞こえてくるのが，「地元には人材がいない」という声である．

　こうした声への対応策として，地方自治体が中心となって，他の地域から専門家やコンサルタントを呼んで知識やノウハウを提供してもらう機会を設けるなどの取り組みは，すでに多くなされている．こうした機会に参加すれば，他の地域の動きを知ることができ，新たな着眼点が得られることも多いだろう．しかし，地域の抱える事情は多様であり，それぞれの地域政策にノウハウを応用していく場合には，少なからず，地域独自のアレンジをしていくことが必要となってくる．また地域によっては，地域外の人に対して抵抗感があるかもしれない．

　そこで，人材の面で注目したいのは，地域における大学の存在である．

　知価社会[1]と呼ばれる現代においては，地域から移動しない固有資源の中でも，知の源泉となる地域の大学こそ，地域活性化の一つの中核要素と考えられる．

---

1) 堺屋太一『知価革命——工業社会が終わる・知価社会が始まる』PHP研究所，1985年．

Ⅱ　地域再生制度とファイナンス・人材

　本章では,「人材難」に悩む地域のヒントになるよう,地域の大学の役割をあらためて考察し,その活用について提言する.

1　地域の活性化と大学の役割

　本書第1章でも述べられているように,グローバル化が進展する中で,先進国においては国際競争の激化が地域経済へ大きな脅威を与えている.地域の企業が国際競争力を強化しようとすると,その地域の中に留まることが不利となり,より有利な生産要素・条件を求めて海外に移転せざるを得ない状況が生じている.それが地域経済の空洞化へと繋がっている.

　これに対して,地域の企業同士や各種経済主体が互いに連携して新たな知識の創出や応用を行い,成果を出せば,他地域からの新たな企業進出などを実現できる.そうすれば地域経済は活性化され,その地域の所得水準も向上することになるだろう.

　どうすれば,企業や各種経済主体がその地域を活動拠点と選択し,地域経済活性化の好循環が機能するようになるのか.これは,グローバリズムの下での地域の最大の関心事と言ってよい.そこで,大きな役割を果たすのが大学である.

　大学には知識と知恵が蓄積しており,大学の周辺には教育水準の高い人々,大学の研究成果を利用した起業家,これらの起業家をファイナンスするベンチャーキャピタルなどが吸引される.大学にとっても,研究成果を経済活動に活かすことで新たな財源を調達できる.また,政府・地方自治体の「クラスター形成促進策」も大学から地域への技術移転を財政面から誘導している.

　特に,技術革新面での産業への貢献がかねてから注目されている.大学の研究室から生まれた発見・発明の成果が,特許・実用新案,ライセンス取得などを通じて産業界へ技術移転されていくことが多い.

　しかし,大学の地域貢献は,こうした技術移転に留まるものではない.レスター[2]が行った6カ国,22地域における産業の発展と大学の関係につ

いての研究結果によると，大学の地域貢献はより広範なものであるとされている[3]．その中で，大学が地域の産業の発展に貢献する多様なケースを以下の4ケースに分類している．

①新規創造

　シリコンヴァレーのパソコン産業の発展とスタンフォード大学に典型的に見られるような，大学発の新規技術が地域の新産業を創出するケース．米・ニューヘイブンにおけるバイオ産業，フィンランド・ヘルシンキの携帯電話産業もこのケースに含まれる．

②他地域からの移植

　地域の大学が人材育成や地元企業への技術支援を行うことにより，工場などが進出するケース．米・サウスカロライナ州グリーンビルからスパータンブルクにかけての地域ではBMWの生産工場が進出してから自動車産業のクラスターが形成された．また，北海での海底油田の発見により，ノルウェーのスタバンガーやスコットランドのアバディーンでは石油・ガス産業が盛んになった．

③応用分野への多角化

　既存産業が衰退していく一方で，その中核技術が新たな産業の発展基盤となるケース．大学は，フォーラムなどの場を通じて，既存技術をこれまで関係の無かった人々の間に伝えていき，また新産業の意義を周知する役割を果たす．米・オハイオ州アクロンの，タイヤ産業の衰退後にポリマー工業が発展しているのが一例．

④成熟産業の高度化

---

2) Lester, R. K. (2005) "Universities, Innovation, and the Competitiveness of Local Economies," *IPC Working Paper Series* 05-010, Massachusetts Institute of Technology.

3) 同研究では，大学と地域の産業発展メカニズムなどに関して，専門家による体系的なインタビューが831回にわたって実施されている．その内訳は，米，フィンランド，英，日本，ノルウェーの5カ国対象に714回，台湾対象に117回のインタビューである．

フィンランドのタンペーレのように，伝統的な機械工業に電子，制御，情報産業が統合されて，特殊産業機械で国際的な競争力を発揮するように発展したケース．大学は，地域の産業の技術的な問題解決に深くかかわり，産業関連の学位の創設，関連した教育プログラムの充実等を通じて産業の高度化に大きな役割を果たす．

大学の地域活性化への役割について，純粋な経済的価値を超える社会的な価値から考えてみるとより広範な役割が見出される．

A：人材育成
　そもそも大学の大きな役割は人材育成であるが，特に地域再生の分野での人材育成を掲げる大学も増加してきている．特に，今後重要性が高まると考えられるのは，地域で自ら起業する人材の育成である．
B：地域活性化の企画立案，計画作成に大学の人的資源を活用する
　経済・経営，地域政策，都市工学，建築・土木などの分野を中心に，大学の研究者が地域活性化策の企画立案，地域開発計画の策定に知識・知恵を提供することはこれまでも多くなされてきている．こうした地域開発計画では，インフラの整備や産業立地が中心となってきたが，最近は福祉や健康づくり，二地域居住などの交流政策，既存の資源を活用したブランド戦略などに大学研究者の知恵が求められている．
C：大学の資源の活用
　試験研究施設を活用した地域産業の実用技術の開発，大学にある特許の地域産業での活用などがある．さらに各種のフォーラムの開催，大学施設そのものの活用による地域の社会人教育，芸術・文化・地域活動への展開などが挙げられる．

2　地域―大学―学生の「WIN―WIN―WIN」関係

このように地域と大学はさまざまな関わりが考えられるが，わが国にお

いても，近年，すでに定着した感のある産業クラスターに代表される地元産業界などとの連携に加え，教育・福祉，まちづくりといった分野において，文科系，芸術・スポーツ系の大学が，行政，NPO，自治会・町内会と連携するなど，地域と大学との関係が多様化しつつある．そこでは，教員の指導の下，学生が地域の現場に入り込んだ活動が見られる．

例を挙げよう．地域の軽度発達障害児の比率が全国平均よりも高いという実態調査を受けた教育現場の要請に現実的に応えるべく，地域の大学の教育学部が，地域の教育委員会と連携し，学内に発達支援相談室を設立し，そこを拠点に，地域の保護者からの教育相談を受けたり，大学生が市内の小中学校に入り，軽度発達障害児に特別支援教育を行っている．また，外国人労働者とその家族が多く在住しているという地域の事情を背景に，地元の教育系大学の教員・学生が地域内の小学校教員と連携・協働して，外国人児童・生徒のための教材を開発し，さらに，大学生を周辺地域の小中学校に派遣し外国人・生徒の学習を支援するとともに，カリキュラム開発を行うなどの取り組みもある．

保育分野においても，大学が設置するNPO法人，保育所，子育てルーム，生涯学習センター等と関係の公共施設などが連携して，次世代育成ネットワークを構築しつつ，学生と住民が協働して，地域の子育てや子供の健全育成についてのニーズを探り，さまざまな資源のマッチングを行い，新しいサービスを提供している．

また，まちづくりの分野でも，大学と地域との一般的な連携を越え，教員・学生も参加した協議会を立ち上げ，学生の社会実験や調査に基づく具体案をベースに基づくまちづくりの計画が地域の賛同を得て採用されるなど，実践レベルの質を有した取り組みが見られる．観光分野でも，国際観光都市化を目指す地域の志向を具体化しようと，学生だけでなく地域住民も対象とした講座を大学が開講し，地域の歴史的・知的財産を英語で紹介できる人材を養成するとともに，学生と地域住民が協働して地域の文化財産の発掘と分析を行い，季刊情報誌やホームページを通じ海外にまで情報発信しているところがある．

これらの活動は，大学の一般的な社会活動というよりは，明確に地域の抱える課題，ニーズに着目して，その解決を模索している点に特徴がある．そこでは，大学生はまさに地域政策の「担い手」のようである．もうひとつの特徴は，活動の「継続性」を重視している点である．地域住民との信頼関係を大切にし，一過性ではない取り組みとするための創意工夫が見られる．

　こうした活動を行っている学生のなかには，専門家にも負けない情熱を持つものもいる．知識・ノウハウの面では専門家に劣るかもしれないが，地域の人々と一緒に問題を考え，解決方法を探っていくという点については，地元の大学に通っている学生が勝る場合もあろう．地域の課題解決の身近なパートナーとなりうる存在である．

　すでに，NPOのなかには，こうした地域の大学や大学生に着目し，人材補完の面で，インターン制度のある大学の教員にアプローチをし，研究室とタイアップして学生ボランティアを募っているところもある．また，地方自治体のなかにも，大学生を未知数の能力とアイディアを秘めた「地域の宝」ととらえ，彼らが積極的にまちづくりなどの地域政策に参加し，その力を発揮できるよう積極的に後押しをするなど，大学や大学生の可能性に着目しているところが出てきている．

　また，人材確保の面では，政策の担い手として地域外から能力を有する人材を登用したり，有識者やコンサルタントの知識・ノウハウを活用するばかりでなく，地元の大学と連携して，教員の持つ知見を活用することに加え，地域の社会的問題に関心の高い大学生を季節的ではあるが貴重な若手人材として登用することが，地域の資源の活用，活動の継続性といった観点から重要である．大学の知や人材は，地域の様々な活動をバックアップできる可能性がある．NPOなどの活動主体にとっては，域内における若者の確保に結びつく可能性があるし，大学にとっても，地域への存在意義をアピールできる．また，学生にとっても机上では学ぶことのできない知識を習得できる良い機会である．いわゆる「WIN—WIN—WIN関係」として，うまく回っていく可能性がある．

3 「知の拠点」だからこそ可能な地域貢献

3.1 アンケート調査にみる大学への期待

前節で述べたように，大学が地域活性化において果たすべき役割について，社会的な価値から考えてみると，より広範な役割が見出される．大学は，①人材育成，②地域活性化の企画立案，計画作成，③大学の資源の活用，などが充分に可能であり，地域の担い手としての学生への期待は高まる一方である．

こうした状況を踏まえて，高崎経済大学では，公立大学協会，関東広域圏産業活性化センター（GIAC）と連携し，2004年度に「大学と地域の連携による活性化に関する調査」を実施した．高崎市民，高崎市の企業，群馬県内の市町村自治体職員，高崎市役所の課長以上にアンケートを送付し，大学に何を期待し，どのように評価しているのか，詳細な調査を行い，その結果を分析した．高崎経済大学の地域貢献事業が地域社会にどう映っているのかを検証したのである．この調査は，第三者機関であるGIACが調査・分析者となって，ひとつの大学（高崎経済大学）の地域貢献における評価を，客観的に評価・分析した極めて珍しい事例である．その調査結果の一部を紹介し，大学と地域連携の課題を考えてみよう．

■大学の地域貢献に関する認知度

最近，大学が地域貢献に積極的になってきていることを，地域社会の構成員がどれだけ認知しているかどうかを聞いた．「よく知っている」と「知っている」をあわせると，高崎市の行政担当者で87％，群馬県内の他市町村の行政担当者で72％，企業では53％，市民で38％であった．大学の地域貢献に関する認知度はそれなりに高い結果となった．特に，大学の設置主体である高崎市の行政担当者は高い結果となった．市民への情報提供には課題が残るものの，予想以上の結果となった．

Ⅱ　地域再生制度とファイナンス・人材

図 7-1　大学の地域に対する望ましい貢献
（高崎市を除く群馬県内市町村の行政担当者からの回答．複数回答可）

項目	％
地域の高校生の進学機会の提供	15
職業人、社会人の再教育	13
地域住民の教養の向上	15
地域の文化の振興	5
地域における国際交流	0
地域のシンクタンクとしての役割	51
地域産業の活性化・発展への貢献	35
学生による地域の活性化への貢献	24
地域のイメージの向上	0
地域政策や地域づくりに関する積極的な提言	44
その他	0
無回答	0

■地域貢献の望ましい姿

　大学の地域貢献の望ましい姿についても聞いた．高崎市以外の群馬県内他市町村の行政担当者では「地域のシンクタンクとしての役割」、「地域政策や地域づくりに関する積極的な提言」が高く（図 7-1 参照）、また、企業と市民では、「高校生の進学機会の提供」、「職業人、社会人の再教育」、「学生による地域産業への貢献」への期待が高いことがわかった．地方の行政担当者にとって大学は、地域の「知の拠点」であり、地域特性を把握し、調査・分析する専門能力を有する研究者が数多く存在する機関であることがわかる．それゆえ、大学は地域のシンクタンクとして調査提言活動を行い、地域政策や地域づくりへ積極的に提言活動をすることが期待されているのである．

　こうした高崎経済大学調査結果の傾向は、04 年に実施された文部科学省、国土交通省、掛川市（静岡県）の全国調査でも明らかである．図 7-2 でわかるように、この調査においても、高崎の調査と同様に、全国の自治体職員や地域づくりに関わっているリーダーたちは、大学に地域のシンク

7　人材拠点としての大学

図7-2　今後のまちづくり推進で大学に期待すること（自治体，まちづくり協議会への質問）今後，どのような地域貢献を考えているか（大学への質問）
（主な選択肢3つを回答してもらう：自治体 n＝1,129，協議会 n＝402，大学 n＝437）

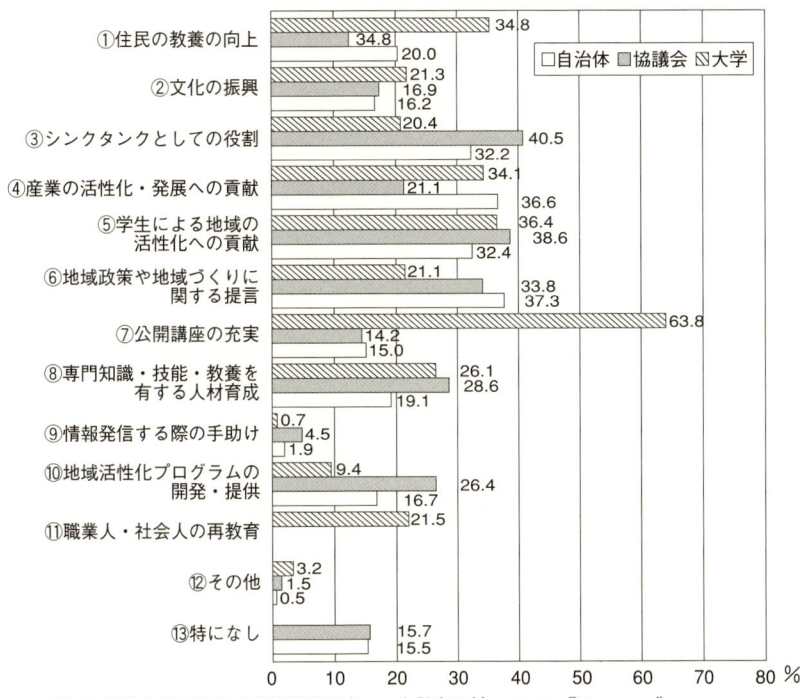

項目	自治体	協議会	大学
①住民の教養の向上	34.8	34.8	20.0
②文化の振興	21.3	16.9	16.2
③シンクタンクとしての役割	20.4	40.5	32.2
④産業の活性化・発展への貢献	34.1	21.1	36.6
⑤学生による地域の活性化への貢献	36.4	38.6	32.4
⑥地域政策や地域づくりに関する提言	21.1	33.8	37.3
⑦公開講座の充実	63.8	14.2	15.0
⑧専門知識・技能・教養を有する人材育成	26.1	28.6	19.1
⑨情報発信する際の手助け	0.7	4.5	1.9
⑩地域活性化プログラムの開発・提供	9.4	26.4	16.7
⑪職業人・社会人の再教育	21.5		
⑫その他	3.2	1.5	0.5
⑬特になし	15.7	15.5	

（出典）「平成16年度国土施策創発調査——合併市町村における「テーマの豊かなまちづくり」の展開方策検討調査」（国土交通省，文部科学省，掛川市）．

タンク機能や地域政策・地域づくりの提言，産業振興や学生参加によるまちづくりを期待していることが明らかである．

一方，地域貢献の中身に関して，大学と地域社会の間に大きなミスマッチが生じていることが判明している．大学は従来通り，公開講座などの教養教育や専門教育伝達型事業によって地域貢献を考えており，実践的なシンクタンク活動や提言活動を期待する地域社会と大きな意識の隔たりがある．大学は独りよがりの地域貢献を行うのではなく，地域ニーズに呼応した事業の設計と実践が求められていることになる．

さらに，「学生による地域への貢献」は共通して高い項目であるため，

これが地域連携関係を構築する契機のひとつになるのではないか，という分析ができる．大学側からすれば，地域調査やイベント参加などの地域貢献活動が学生教育に効果的であり，地域社会にとっても学生のエネルギーが地域の活力につながるという好循環が期待されるのである．

3.2 高崎経済大学の取り組み

　こうした調査結果で明らかになっている課題をどのように乗り越えていけるのか，高崎経済大学の実践例を踏まえて考えてみたい．

　高崎経済大学は高崎市が設置主体となっている公立大学である．地域政策学部はその研究教育の特色から，高崎市の各種事業に全面的な協力体制を整えている．05年度と06年度の2年間の連携実績を市役所の各課からの報告をもとにまとめたものが表7-1である．06年度では，各種委員会の座長，総合計画策定委員，合併協議会委員，政策立案などに関する職員研修担当，公民館担当者の研修，観光振興策定事業，公共交通調査検討委員，都市計画・景観審議会委員，農業振興関連事業委員など，総事業件数72件，関与した教員の延べ人数98人の実績となっている．1件につき1回で終わる事業もあるが，ほとんどは4，5回の会議や調査を実施していることから，全体の1年間の関与回数は，500〜600回になるものと予測される．

　高崎経済大学の教員は，高崎市の各課の総合計画，基本計画，行動計画などの策定に何らかの形でかなりの高い頻度で関わっているといえる．公立大学は地域貢献が使命である．また，国私立の大学も地域貢献を目指した人材育成を行い始めている．しかし，高崎経済大学のように，これだけ総合的で包括的に地方自治体と関わっている事例はまれであろう．この連携事業にかかわっている9割が地域政策学部の教員であり，地域政策学科，地域づくり学科，観光政策学科に地域連携の専門研究者を数多く抱えているという特色がこのような実績を残している最大の要因である．

　こうして高崎経済大学は，高崎市と密接な関係を構築し，高崎市のシンクタンク機能を担い，地域政策や地域づくりの調査・提言活動を積極的に

表7-1 高崎市と高崎経済大学との連携事業の概要

	2005年度	2006年度
総事業件数	54件	72件
協力教員数	70人	98人
主な事業	●観音山森林連絡協議会座長 ●社会教育実習（公民館） ●高崎地域合併協議会委員 ●高崎市バリアフリー推進会議座長 ●社家町再生事業委員長　ほか	●高崎市文化振興ビジョン委員長 ●職員研修の包括的連携（7人の教員） ●公民館事業における連携（7人の教員） ●榛名周辺観光振興策定委員会（14人の教員） ●社会教育担当者研修　ほか

行っている．したがって，前項で述べた地域貢献に関するミスマッチは生じていない．同時に，文部科学省の推奨する地域貢献事業に積極的に取り組み，学生や大学院生を調査提言活動に参画させ，学生教育のプログラムを有効に動かしている．このように，これからの大学は，キャンパスがある自治体との連携関係をどのように構築するのか，それぞれの学部や学科の特性に応じて具体的な答えを出していくことが求められているといえるだろう．

3.3　組織的・継続的・総合的な活動へ

大学と当該自治体との連携の必要性について述べてきたが，最後に，地域との持続可能な連携の必要性について提言する．

最近，地域連携に新たな展開が始まろうとしている．それは，組織的で継続的，そして総合的に地域貢献を行う動きである．単年度の単発的な地域連携ではなく継続的に，しかも大学教員が単独ではなく協働のチームとして関わる持続可能な地域連携の始まりといっても良い．

グローバル化，少子高齢化の進展，疲弊する地域社会の現実を前に，地域再生や地域貢献のプログラムは，もはや1人の研究者で解決する次元を超えている．専門を異にする複数の教員がプロジェクトを組んで対応しないと課題解決には至らない．事務局の協力のもと，研究者，大学院生，学

表 7-2 榛名周辺観光振興計画策定プロジェクト

テーマ	内　　容
観光（ホスピタリティ）創出計画	・町民アンケート，小学校アンケート，旅館等利用者アンケート調査 ・観光マーケティング調査，ブランド化戦略，観光プランニング
農業・観光振興（エコツーリズム）	・観光資源としての農産物調査，農業祭，収穫祭，食の祭典の企画 ・新高崎市全域での地産池消の仕組みづくり
文化政策と観光振興（国際観光基盤整備）	・文化資源の調査，映画によるまちづくりの試み ・国際観光基盤整備；英語や中国語による観光案内プレゼンテーション
市民参加による観光人材育成	・人材マップの作成 ・社会教育，学校教育での観光人材育成講座の実施

生が一丸となって，地域特性を調査し，課題を発見し，課題解決に向けた提言を地域住民や行政とともに行うという，参加と協働の仕組みづくりが求められている．

そこで，高崎経済大学がこれまで取り組んできた地域連携の事例から，地元型の事業と遠隔地型の事業を紹介しよう．

地元型の事業は，「榛名周辺観光振興計画策定」プロジェクト（表7-2）である．06年度開始されたこのプロジェクトの目的は，高崎市との合併を06年10月に控えていた榛名町に観光資源が多く，その周辺の観光振興計画策定を行うことにあった．高崎経済大学に同年度に新設された観光政策学科に期待しての連携事業でもあり，観光創出，農業・観光振興，文化政策，観光人材育成などの4つの柱を持った調査研究提言活動に，地域政策学部教員15人がノミネートされ，学生や大学院生が関わって行われている．

初年度は，榛名地域全体の地域特性を調査し，各種のアンケートを実施し，報告書にまとめた．また，多くの学生が現地調査に泊り込みで参加し，地域マーケティングを行い，地元の観光業関係者とのワークショップにも参画している．地元の観光業関係者は学生の新鮮な意見や印象を聞き，あ

らためて榛名地域の観光資源の魅力を再確認している．さらに，地産地消の基礎調査としての農産物調査も行われ，その分析結果もまとめられている．これらの基礎調査をもとに，今後は観光プランニングやイベント創出などの提言を行う予定である．
　遠隔地型の事業は，秋田県湯沢市との連携による「参加・協働のまちづくり」派遣型職員研修である．群馬県と秋田県を結ぶ，全国的に珍しい地域連携事業であり，まず湯沢市で，教員の指導によって全職員研修や地域リーダーのワークショップを実施，その後高崎経済大学に秋田県湯沢市職員15人が派遣され，企画・コーディネーター役を含め8人の教員による特別研修セミナーが合宿形式で実施された．

　まだまだ多くの課題は残るものの，大学は地域の知の拠点として，行政と連携し，学生や教員が一体となって教育活動や地域貢献活動を行うことにより，地域の人材育成，地域活性化の提言などを行うことが充分に可能である．大学は，総じて地域活性化や地域再生に有効な役割を果たす存在なのである．

Column

地域再生システム論の展開

　特区・地域再生などの新たな地域政策のための手段を活用して，地域の現場のニーズに応じて地域独自の政策を推進していくためには，これまで以上に現場の政策立案・実践能力が必要とされる．

　こうした中で，「地域の知の拠点」である大学という"場"を活用して，特区や地域再生計画を策定する政策立案・調整能力を持つ人材育成のための講座として，各大学と内閣府の連携による「地域再生システム論」が2006年度から開始された．

　この講座の特徴は，以下の通りである．

①地域の政策立案・実施能力の向上を目的とする．
②自治体と大学が連携する「地学連携」である．
③地域再生計画案の策定など，現実の地域再生に寄与する実践的な政策研究を行う．
④地域再生政策に関して所管官庁の政策立案者を講師として派遣する．

■北陸先端科学技術大学院大学での授業内容

　06年度に北陸先端科学技術大学院大学の知識科学研究科で開講した「地域再生システム論」は，地域再生に関する総論，各分野毎の政策論，具体的な地域での実践例を中心とする事例研究を講義の3要素とし，受講者が地域再生計画案を作成できるようになることを目指す内容であった．

　総論では，地域再生政策の経緯，政策体系，地域再生計画と連動する各種の地域再生支援策，知識科学の視点からの地域政策などを取り上げた．また分野論では農業，エネルギー，商工業，リ

サイクル，環境問題，福祉・高齢者の健康，観光などに関する各種地域再生支援策の詳細が論じられた．事例研究では，食をテーマとした地域再生，石川県七尾市の地域イノヴェーション人材育成論，同県白山市鶴来地区のどぶろく特区，北海道小樽市の産官学連携による地域再生などを取り上げた．

講義は06年8月の開講記念フォーラムからスタートし，9月～11月に3回の集中講義・グループディスカッションを行い，11月に公開シンポジウムを開催した．

9月からの本講座は，まちづくりに取り組む自治体職員，NPO関係者，地域コンサルタントなど民間企業関係者，大学院生ら113人が受講した．

講義を通じて，以下のような点を指摘できる．

①産官学連携の重要性：大学研究者の知見，大学院生の調査・分析能力，自治体職員の現場に即した問題意識と政策形成力，民間企業・NPO関係者の事業推進能力や調整能力が特定地域の地域再生のための具体的な課題に集中することで，個々の能力では解決不可能な問題に極めて効果的な取り組みがなされうる．

②大学の研究シーズの重要性：北陸先端科学技術大学院大学の場合は，特にバイオセンサーなどの材料科学の分野に傑出した研究資源があり，これらをバイオマスタウン計画の実現などに有効活用する例がみられた．

③大学の地域交流の場としての重要性：講義を契機に大学に地域の各種の人材が集結することで，産官学連携の効果が発現

したように，地域の優れた公共空間である大学施設を，地域で有効利用していくことが，地域の活性化に繋がる．

④講義とグループディスカッションの組み合わせの重要性：地域再生に関する政策フレーム，知識科学の方法論，地域再生に資する各種政策の詳細，地域再生の具体的事例などを講義で学びつつ，グループディスカッションで具体的に地域再生計画案を作り上げるという二つの流れで，地域の政策形成過程そのものを深く学ぶ教育効果があった．

⑤時間外活動の重要性：具体的な地域再生計画案の策定には現場検証，グループ内でのより深い意見交換が重要であり，時間外の現地調査，懇談が充実した計画案につながった．

⑥各種参加者への適切なインセンティブの必要性：講義は選択履修科目（2コマ）として実施し，院生にとっては卒業単位取得のインセンティブがあったが，社会人受講者には聴講生としての資格しかなく，自らが関係する地域再生計画案の策定に関わった参加者以外には明確なインセンティブが存在しなかった．社会人受講者のより積極的な参加を得るためには，例えば履修者には「地域再生コーディネーター」など，今後地域再生関係の諸活動を行ううえで役立つ一定の資格，称号を授与するような工夫が考えられる．

■「地学連携」の拡大へ

07年度には，全国各地域の9大学（小樽商科大学，室蘭工業大学，北陸先端科学技術大学院大学，高崎経済大学，信州大学，

早稲田大学，法政大学，獨協大学，神戸大学）で「地域再生システム論」連携講座が実施され，08年度以降はさらに拡大する見通しだ．

　各大学とも，「地学連携」「産官学連携」を目指しており，具体的な地域再生計画案の展開や各種の地域再生事業の推進につなげていく仕組みを作っていくことを目標としている．今後は，大学間連携による広域的な講義プログラムも検討できるだろう．例えば，外国人旅行客の誘致による国際観光振興型の地域再生策について，広域的な観光ルートを大学間，地域間連携で構想することなどが一例として挙げられる．

終章 「社会的投資」の深化と拡大に向けて

1 豊かさという名の貧困── 社会性のある事業・投資の不足

　日本は豊かさという名前の貧困の中にある．一方では有り余る事業がなされ資本がありながら，他方では本当に必要な事業，資本がない，という奇妙な不足と過剰の併存がある．特に「社会性のある事業・資本」，（経済学的に言えば，「正の外部性のある事業・資本」）で，不足感は著しい．市場に任せていては十分には供給されず，しかし国や地方自治体に任せていては真に欲しいものが供給されていないのである．

　社会的に重要な事業や資本が十分に供給されていないのは，投資の「社会的な」性格（つまり経済学で言う投資の「外部性」）を正当に評価していなかったことにある．そして，そうした外部性を持つ投資を市場経済の中で可能にする仕組みを作ってこなかったわれわれの怠慢が，豊かさという名の貧困を招来させてしまった．

　例えば，都市開発投資は都市の環境を改善するばかりでなく，環境改善を「てこ」に関連する民間投資を刺激するという効果がある．植林や代替エネルギーなどの環境投資が，自然環境に大きなよい影響を与え，それが

ひいては観光などの投資を誘発することも無視できない．

つまり，われわれの経済社会はもはや環境に対するインパクトを考えずに経済活動を行うことはマクロ的に見た場合でも許されないのである．また，最先端技術を体化した設備に投資することは，技術開発環境という広い意味での環境改善につながり，それによって企業の技術開発投資を刺激し，知識のスピルオーバーを伴う技術革新競争を促すという「社会的な」効果，つまり正の外部効果があると言えるだろう．

特に日本経済のように，先端産業を育成することが急務であり，稠密な人口集中という環境のもとでは，こうした社会性，外部性の重要性を認識することは決定的に重要なのである．

ところが投資環境を含む広い意味での環境に対する影響は，市場経済に反映されにくい．現在の日本は環境に対する外部性を入れた社会的収益率で考えれば，実は投資不足，設備（の更新）不足になっている可能性が高いのである．これがわれわれの感じる「豊かさという名の貧困」の真の姿である．

例えば都市の再開発を考えてみよう．都市再開発には，実はこうした社会性，つまり経済学で言う外部効果の側面が多く存在する．私的な収益率のみを考えるなら，その巨大なリスクを越えて可能になる都市再開発はおそらくごく一部に限られ，かつ似たようなプロジェクトになりがちである．しかし都市の建造物は私的な経済活動を越えて都市全体のアメニティやアイデンティティを規定する．そのように考えると，私的な収益率は低くても，社会的な収益率が高いプロジェクトはたくさんあるはずである．

都市の場合は詳細なデータの蓄積があり，それによって外部性の評価が部分的ではあるが可能となっている．例えば稠密な市街地に，都市再開発によってある土地を買収してポケットパークを作ると近隣の不動産価格がどのように上昇するかが明らかになっている．また，逆に宅地の細分化が，近隣の地価を大きく下落させる外部効果があることが示されている．このように土地や建物は私的な資産ではあるが，その社会的な収益率と私的な収益率に大きな乖離が生じていることが定量的に示されている．

とはいえ，多くの場合は，こうした定量的な評価は難しい．しかしながら定性的に社会的収益率と私的な収益率の乖離をたやすく感じることが出来る事例もある．例えば効率を高めたマイクロタービンを使った分散型エネルギー源ネットワークを作り出すことができれば，それぞれ私的な経済活動としての収益性だけでなく，災害時のバックアップや地域間の連携を可能にし，一層の技術改善に向けての投資を誘い出すために，その社会的な収益率は高いと考えられる．

このように，単純に私的な経済活動と考えられてきた設備投資も，その環境への負荷や災害への対処を考慮すれば，私的な収益性だけでなく，社会的な収益性も評価されなければならなくなってきている．このように社会的な収益性を正当に評価するなら，日本の社会的な投資平均収益率は，巷で考えられるほど低くない．問題は，社会的な投資の収益率の低さではなく，投資を呼び起こす仕組みが存在していないか，著しく非効率である，ということなのである．

2 優秀な官僚システムはなぜ行き詰まったか
──過去の成功と現在の桎梏

従来，「社会性のある事業や投資」は，私的な経済活動に任せるのでは不十分になるということで，政府がさまざまな形で介入してきた．そうした事業に対して補助金を出し，または直接に高い社会的収益率をもたらすと思われる事業を行ってきた．多くは国のイニシアチブの下に，地方自治体が事業を遂行する形で，こうした事業や投資がなされてきた．

しかし1990年代を通じてこうした事業主体としての国・自治体の非効率性が次第に明らかになってきた．インフラ整備についての国・自治体の非効率性は，すでに多くの論者が指摘している通りである．さまざまな補助金の無駄遣いも指摘されている．

また，環境要因が次第に経済活動の主要な制約となるにつれて，今までの公共財とそれ以外の私的な財の区別が次第に判明できなくなりつつある．

多くの私的な投資に社会的収益性と私的な収益性の乖離が見られるようになっているのである．

そう考えるなら今必要なのは，たとえ私的収益性が低くても実は高い社会的収益性を持つさまざまなプロジェクトを，そのようなプロジェクトの重要性を肌で感じている「現場」から起こし，かつそうしたプロジェクト間の相互競争を通じて効率化を達成するような仕組みを作ることであることがわかる．

そしてそれは，市場経済の中で自然には生まれないことは，私的収益性の低さから見れば一目瞭然であろう．ここに国家としてのいわばシステムデザインが必要なのである．

■優秀な国の官僚システム──暗黙の前提

まず今までの国主導で「社会性のある事業や投資」を行うシステムが，どのような前提の下にあったかを見てみよう．そしてそれが機能不全をもたらした原因を考えてみよう．

現在のシステム，特に都市計画・国土計画・公共事業のシステムの裏には，政府が民間よりも，そして国が地方自治体よりも，情報，技術，計画，利害調整能力等々の上で遥かに優位にあるという暗黙の前提があった．長期的な国土計画，都市計画の策定，それに基づく必要な社会資本リストの作成，形成のタイミング，資金的な裏付けの確保，そして具体的な施工，すべてにわたって政府，特に国が責任を持って遂行する．このように優秀な国の官僚システムに任せる方が，短期的利害に振り回されて，個別の利害にのみ汲々とする民間に任せるより，また地域的な利害に振り回されがちな地方自治体に任せるよりも，結局は日本全体で見ると遥かに効率的である，と考えられてきた．

ではなぜこうしたシステムが，現在のような非効率に立ち至ったのか．実は過去の成功が現在の失敗の種をまいている．経済成長を通じて，そしてまさにこの優秀な国の官僚システムのおかげで，民間が急速に情報，技術，計画，利害調整能力を高めた．そしていまや政府の能力を上回ってき

たのに対し，政府が柔軟な対応ができずに，依然として旧来のシステムを維持して，民間と政府の役割の再検討を行ってこなかった．またこの政策のおかげで，地域間の巨大な格差はある程度解消し，地域活力の源泉はいまや他地域との差別化，どのように住民や立地企業に魅力ある地域となるかという差別化に移ることになった．地域の状態をよく知るのは実は国ではなく，地方自治体である．ここでも情報優位の逆転が起こることになるが，システムそのものは旧来のままであった．危機の原点はここにある．

■ 競争の欠如──秩序の固定化

　さらに，優秀な国の官僚システムの神話化とそこから出てくる官尊民卑─中央政府優位の風潮は，本来官僚の形式主義を打破するエネルギーを見せるべき民間の多くを，逆に官僚の形式主義に取り込み，変革をもたらすダイナミズムを失わせてしまう結果となった．

　政府には失敗は許されない．建築物のように「安全」が重要な分野では特にその点が重要であるということで，都市計画・建築の分野ではさまざまな規制がもうけられることになった．他の分野でも，こうした「安全」に立脚した規制は多い．

　こうした規制と過去のしがらみが結合し，新しい「組み合わせ」による競争を避け，現状固定で品質の向上をめざすという態度が定着する．時間の経過と共にさらにそれが形式・先例主義の中に固定され，有形無形に競争が制限されることになる．こうして規制関連産業は，競争が弱く官庁の形式・先例主義に守られた高コスト産業の典型となったのである．

　競争が如何に重要かを見るのに，規制関連産業の典型としての地方の建設業を，激しい世界的な競争にさらされてきた自動車産業と比較してみよう．

　両方とも下請け孫請けの関係があり，段取りが重要な産業である．そして戦後すぐの段階では共にその技術力という点では，必ずしも高くなかったという点で同じであった．しかしその後のパフォーマンスが全然違うことは歴史が示している．その差の大きな部分は，厳しい競争にさらされて

いたかどうかが決めたのである．

　市場経済においては，個性のない企業，その企業特有の付加価値を作り出せない企業はやがて競争に負けて市場から退出する．そして個性を持ち，高い付加価値をもつ企業が事業を拡大する．自動車産業ではまさにそうした市場経済の競争原理が働き，それが新しい技術革新をもたらし新しい製品を生み，日本の自動車産業を世界的に高い競争力を持つ産業へと変身させたのである．

　地方の建設業では，発注者としての地方自治体が競争を避け，現状固定でプロセス合理化による品質の向上をめざすという態度をとった．その影響もあり，競争が自動車産業に比して著しく弱かったことは否定できない．その結果として，優れた者が生き残り，劣った者が退出するという市場規律が働かず，競争によるダイナミズムが存在しない高コストの産業となった．

　現代の市場経済は，サービス経済と指摘される．よく知られているようにモノだけでは売れず，モノの中にサービスがあって初めてモノが売れるのである．ところが，地方の建設業は，先端的な事例を除けば，未だにモノ，より正確にはハコを作るだけでそこにサービスの付加価値をつけて売るだけの技術・能力をもっていない．つまり特に地方の建設業は民間でありながら，自動車産業のように裸の競争に実質的にさらされてこなかったために，現在の市場経済の動きと不整合を起こしているのである．

3　「地方分権」を超えて
——社会的な事業・投資の新しい「担い手」を育てる

　本書は，実は第1節，第2節で詳しく説明した，日本の政府システム，「優秀な官僚システム」が直面する問題に対する，真正面からの解答の試みである．それは，地域の実態をよく知る「地域・現場からの政策決定」であり，さまざまな提案制度を通じた，地域の人々，官民の協力したイニシアチブの尊重である．

終章　「社会的投資」の深化と拡大に向けて

　本書は「地方分権」の議論と密接に関連する．しかし，実は従来の地方分権の議論を超えた，国家としてのシステムデザインの，一つの方向性を示している点を注意しておきたい．

　そもそも「地域・現場からの政策決定」を実現するには，確かに地方自治体の自助努力，自己責任が問われることになるが，その背景には国からの税源・権限の委譲がなければならない．特区・地域再生制度に対する批判として，地方自治体に税源と権限を移譲するのが筋ではないか，という地方からの声がある．また，たとえば地域再生基盤強化交付金も，補助金を交付金化し，より効率的な運用を可能にはしているが，国による箇所付けが維持されており，国の権限維持となっているのではないか，という指摘がなされる．確かに地方自治体の自立，自己責任を求めるなら，国からの税源・権限の移譲も進めていかねばならないのは自明である．しかしながら，同時に国全体としての資源は限られている．そのため，国全体の効率的な資源配分のメカニズムを実現するような仕組みがなければならない．

　重要なのは，地方自治体に税源と権限を委譲することを自己目的化するのではなく，地方が国全体の利用可能な資源を求めて相互に競争し，効率的な「社会性のある事業・投資」が実現する仕組みを作ることにある．しかし，「社会性のある事業・投資」の担い手として地方自治体を見ると，その人材不足は否めない．つまり，地方自治体には「社会性のある事業・投資」を実現するための政策立案能力や政策遂行能力が足りないという課題は否定できない．この点の改善がない場合，地方分権が現在の非効率性をさらに増幅するだけになってしまう最悪のシナリオが実現してしまう．

　つまり，議論を地方自治体のレベルにとどめてはならず，さらにその大本の「社会性のある事業・投資」を支える担い手のレベルまで降りて考える必要があるのである．

■発想の転換——新しい担い手としての「民間部門」

　いま必要なのは，発想の転換である．その根底にあるのは，われわれの思考に染みついている旧来の「公と民の二分法」を克服することである．

一方で社会基盤資本整備や，社会的なサービスの供給など，社会性のある投資やサービスの供給は政府が責任を持って税金などの公共的な資金で行う．他方「社会性のない」投資やサービスの供給は市場経済に任せる，というのがこの二分法である．

このような「公と民の二分法」は，資本や財・サービスが「社会性のあるもの」と「社会性のないもの」にきれいに区別されることが前提となる．しかし多くの「社会性のある」資本や財・サービスは，公と民の中間的な性格を持っている．ところが今までは，国や地方自治体が自ら非効率に，かつ需要に対応できない形でこうした資本やサービスを供給し，あるいは補助金で直接箇所付けしてきた．そのために，第1節の「豊かさという名の貧困」が生じてしまったのである．実はこうした中間的な性格を持った資本や財・サービスは，民間が市場競争を通じて供給した方が効率的で，本当に欲しいものが供給される．しかし民間が市場経済でそうした事業をおこせるかというと，収益性の点で資金調達ができない．

そこで第三の道が必要になる．リスクとリターンを自己責任で負いながら，競争を通じて効率化と適切な需要対応が確保されるのが民間の市場経済のシステムである．この民間の市場経済の仕組みを基礎として，「社会性のある」資本形成や財サービス供給の事業立ち上げ時に公的な資金を紐なしで投入し，事業を軌道に乗せる．その後は市場経済システムの一部として，競争を通じて効率化と適切な需要対応がなされていく．こうした新しい「社会性のある事業・投資」を実現するシステムと，その民間の（国・自治体とは資金的に独立した）担い手が必要なのである．「地域からの政策決定」の真の主体は，地方自治体を通じた，こうした新しい独立性の高い民間の主体でなければならない．

残念ながら，まだそうした民間主体は育っていない．確かにPFIやPPPといった試みを通じてさまざまな民間主体，特にNPO法人が「社会性のある事業・投資」の担い手として登場してきている．が，それらの主体は，依然として国や地方自治体の紐付き資金（たとえば委託事業）への依存度が大きい．国や自治体に資金的に依存している主体の場合，家族主

義的な配慮が働きがちで,市場経済の効率化への競争原理は働きにくい.極端なケースでは,PPPと言いながら,実質はNPO法人が単なる低コストの行政アウトソーシング先に堕していることが指摘されている.

必要なのは,こうした新しい主体を横に束ねて,国や自治体に依存しない,資金的にも独立した新しい主体を作ることである.これが「社会投資ファンド」[1]の考え方である.そしてこうした主体を作るための「仕組み」の第一歩が地域再生法に組み込まれている.本書第5章でも言及されているが,あらためて以下でそれを説明しよう.

■「社会投資ファンド」の考え方

まず「社会的な事業・投資」を行う事業者を考えよう.この事業者は紐なしの公的資金が導入されることを前提に民間資金市場で資金調達を行い,設備建設などの事業組成を遂行する.そして事業の安定運用後に事業者は「社会投資ファンド」に事業を売却する.「社会投資ファンド」は,私的に出資を募り,あるいは証券化によって投資家から資金を得て,当該事業を購入する.そしてその後の事業の運用は「社会投資ファンド」の管理下に行われる.

この「社会投資ファンド」の仕組みは,最近よく話題になる「不動産投資ファンド」に形式的にはよく似ている.事業用の不動産投資プロジェクト(貸しビルなど)を計画する事業者が,民間から資金調達をして事業を組成する.そして事業の安定運用後,「不動産投資ファンド」に売却される.「不動産投資ファンド」は,私募あるいは証券化によって投資家からその購入資金を得る.その後はこのプロジェクトの運用は当該「不動産投資ファンド」の管理下に置かれ,この事業からの収益が投資家に配当されるのである.

---

1)「社会投資ファンド」の最初の考え方は Nishimura and Saito(2003)で示された.具体的な「社会投資ファンド」システムの最初の提言は,西村・山下編(2004)に見られる.その後の変化をふまえて西村(2004, 6章)ではマクロ経済政策との関連を含めて説明している.本章の説明は多くを後者に拠っている.

「不動産投資ファンド」の運用実績が常に出資者あるいは市場から監視されているように,「社会投資ファンド」も運用実績が常に出資者あるいは市場から監視される.従って,「ファンド」には運用を効率化して費用を削減する誘因が存在する.効率化を追求しない「社会投資ファンド」の運用責任者は解任されることになる.このようにして,「社会投資ファンド」つまりそれの持つ資産の効率運用が市場の規律によって保たれるのである.

■地域再生法と「志のある投資」

「社会性のある事業・投資」が民間では起きにくいのは,社会的に望ましい効果があるものの,私的な収益率が低く市場経済での採算に乗りにくいという点である.そこで事業や投資の立ち上がり時に,紐つきでない公的な資金の導入によって支援するというのが,社会投資ファンドの考え方の根底にある.地域再生法の地域再生税制は,複雑ではあるが実はこの公的な資金導入の一つの形なのである.簡単に言うと,株式売却益譲渡所得税の一部を,国に払うのではなく,「志のある事業」に事実上「寄付する」ということが可能になっている.見方を変えると,対応する国の税金分が,公的な資金として当該事業に導入されたことになる.この点を以下では実例を挙げて説明しよう.

「志のある事業」とは,具体的には「地域再生に資する経済的社会的効果を及ぼす事業」であり,①医療施設,社会福祉施設,教育文化施設,地域交通施設などの公益的施設の整備・運営に関する事業,②新エネルギー施設,リサイクル施設などの環境への負荷の低減に資する施設の整備・運営に関する事業,③地場産業の支援に資する生産施設,加工施設,流通販売施設,試験研究施設,技能習得施設などの整備・運営に関する事業である.この「志のある事業」への投資に対して,①投資額控除,②損失繰越,③譲渡益圧縮,の優遇措置が講じられている.

今,未公開株を売却して譲渡益1億円を手にしている個人があったとしよう.譲渡益には20%の税金がかかるので税額は2,000万円,手取は

8,000万円である．納税する代わりに譲渡益1億円で志のある事業を行う特定地域再生事業会社の株式を買ったとする．課税は繰り延べになり，この年は税金を払わなくて済む．

そして3年後，この事業会社を買収しその事業を継承する「ファンド」に，当該株式を1,100万円安く，8,900万円で売るとしよう．つまり実質的にこの投資家は，この特定地域再生事業に1,100万円を「寄付」する．譲渡益は8,900万円に減るが，特例で半分だけに課税されるので譲渡税額は890万円となる．売り戻した額8,900万円から譲渡税額を差し引くと手取額は8,010万円，つまり当初の株譲渡益1億円にかかる譲渡所得税を単純に支払っていた場合とほぼ同じになる．つまり，この個人にとってみれば，株譲渡益の税金の一部1,100万円を，納税する代わりに，特定地域再生事業に寄付したのと，ほぼ同じことになるのである．

これを国の立場から見れば，本来国庫に入るべき1,100万円の税金分をこの取引を通じて「志のある投資」に振り向けたのと同じことになる．これは一種の補助金とも言えるが，補助金とは違って使途に細かい制限が付いているわけではない．このように，地域再生税制を使えば，紐のつかない公的な資金が，「社会性のある事業・投資」に投入されることになる．

さらに，上記の例はあくまでも一つの例にすぎない．事業の性格や投資家の事情に応じて，民間の創意工夫が可能な伸縮的な制度なのである．

もっとも，地域再生税制の現状はまだ画一的であり，収益性に大きなばらつきのある「社会性のある事業・投資」の多くには十分ではない．また，株式の譲渡益にのみ適用可能であるので，利用の幅は限られてくる．しかし，志のある投資に公的な紐のつかない資金が投入される仕組みが作られたという点で画期的である．今後その充実を図っていくことによって，「社会性のある事業・投資」の新しい担い手が育っていくことになる．

これまでの国頼みの地域再生からの脱却を図り，「地域力」の構成主体の各々がその叡智を結集して，「地域再生のための志ある投資」という，温かく，そして力強い武器を活用して地域再生を実現する．脆弱に見える日本経済を新しい発展の世紀に導くために必要なものは，実は「こころざ

し（志）」である．

〈参考文献〉

Nishimura, K. G., and M. Saito（2003）"On Alternatives to Aggregate Demand Policy to Revitalize the Japanese Economy," *Asian Economic Papers* 2（2）87-126.

西村清彦・山下明男編（2004）『社会投資ファンド――PFIを超えて』有斐閣．

西村清彦（2004）『日本経済――見えざる構造転換』日本経済新聞社．

あ と が き

　こどもの安全，災害への備え，地球温暖化への対応など，地域が抱える課題はますます深刻かつ複雑になっている．また，地域ブランドの創造，景観・地域文化の次世代への継承，観光の国際化など，地域の活性化は新たな局面を迎えている．

　こうした状況の中，地域の「現場」に携わっている多様な主体が，地域の課題の解決，地域活性化推進のための政策の企画・実施に積極的に関わり，このような「現場」で生まれる声を国の制度改革や地方分権などの政策決定に反映させていくことがより重要になってきている．

　構造改革特区や地域再生制度は，提案募集制度の導入などを通じて，「地域・現場からの政策決定」に新たな段階を生み出した試みとして知られている．両制度の展開の中で，地域の提案に基づき，従来ではなしえなかった規制改革や補助金改革が実現している．一方で，すでに両制度の導入から数年が経過し，提案数や実現数の減少など，限界を指摘する声も生じている．先の三位一体の改革では，地方への財源移譲に前進をみたものの，未だ地方分権への途は半ばである．さらなる地方分権，地域活性化の必要性が叫ばれる中，「地域・現場からの政策決定」という方向性が見失われてはいけない．

　本書では，両制度の成立過程，それらの構造，実施状況の分析を通じて，さらに「地域・現場からの政策決定」を推進するための考え方や課題を明らかにすることを目指した．また，「地域・現場からの政策決定」の担い手の核として，地域の大学や金融機関に着目し，それぞれの機能を強化し，多様な主体の連携による地域づくりを推進するための政策の方向性を示すことも試みた．

本書は，地域政策に関する講座を設けている大学において，実際の講義に活用していただくことを想定している．本書で学んだ学生が「地域・現場からの政策決定」の担い手として活躍されることを期待したい．また，地方自治体・国の職員をはじめ，企業やNPOなどで社会貢献活動に従事されている方々が，実際の政策を立案し，実施する際の参考にしていただければ幸いである．

　ただ，広範な分野を取り扱ったために全体としての体系が分かりにくいとのではないかとの反省もあり，編者の力不足をお詫びしたい．

　構造改革特区や地域再生は現在進行形の政策である．本書に対する忌憚のない批判をいただき，今後の両制度の動向も踏まえて，より体系的に整理した進化形を提示できる機会が得られることを願っている．

　本書を出版することができたのは，何よりも，地域の現場で政策を実践している方々の活動があるからこそである．ここで，感謝の意を記したい．また，お忙しい中，本書の監修と終章の執筆を引き受けていただいた西村清彦先生に御礼を申し上げる．多数にわたる執筆者の原稿のとりまとめ，校正に大変な尽力をいただいた東大出版界の佐藤一絵さん，素晴らしい表紙をデザインしていただいた（横浜寿町で地域再生の実践者でもある）岡部友彦さん，木田桃子さんにも感謝したい．

2007年8月の猛暑の中，内閣改造の報を聞きながら
御園慎一郎・大前孝太郎・服部敦

〈資 料〉

構造改革特別区域法 （抄）

平成 14（2002）年 12 月 18 日法律第 189 号
最終改正　平成 19（2007）年 3 月 31 日法律第 24 号

~第 1 章　総則~

（目的）
第 1 条　この法律は、地方公共団体の自発性を最大限に尊重した構造改革特別区域を設定し、当該地域の特性に応じた規制の特例措置の適用を受けて地方公共団体が特定の事業を実施し又はその実施を促進することにより、教育、物流、研究開発、農業、社会福祉その他の分野における経済社会の構造改革を推進するとともに地域の活性化を図り、もって国民生活の向上及び国民経済の発展に寄与することを目的とする。

（定義）
第 2 条　この法律において「構造改革特別区域」とは、地方公共団体が当該地域の活性化を図るために自発的に設定する区域であって、当該地域の特性に応じた特定事業を実施し又はその実施を促進するものをいう。

　2　この法律において「特定事業」とは、地方公共団体が実施し又はその実施を促進する事業のうち、別表に掲げる事業で、規制の特例措置の適用を受けるものをいう。

　3　この法律において「規制の特例措置」とは、法律により規定された規制についての第 4 章で規定する法律の特例に関する措置及び政令又は主務省令により規定された規制についての政令又は主務省令で規定するこれらの規定の特例に関する措置をいい、これらの措置の適用を受ける場合において当該規制の趣旨に照らし地方公共団体がこれらの措置と併せて実施し又はその実施を促進することが必要となる措置を含むものとする。

　4　この法律（第 43 条第 1 項を除く。）において「地方公共団体」とは、都道府県、市町村（特別区を含む。第 4 条第 3 項及び第 6 項並びに第 19 条第 1 項において同じ。）又は地方自治法（昭和 22 年法律第 67 号）第 284 条第 1 項の一部事務組合若しくは広域連合をいう。

～第２章　構造改革特別区域基本方針～

第３条　内閣総理大臣は、構造改革特別区域において特定事業を実施し又はその実施を促進することによる経済社会の構造改革の推進及び地域の活性化（以下単に「構造改革の推進等」という。）に関する基本的な方針（以下「構造改革特別区域基本方針」という。）の案を作成し、閣議の決定を求めなければならない。

　２　構造改革特別区域基本方針には、次に掲げる事項を定めるものとする。

　　１　構造改革の推進等の意義及び目標に関する事項
　　２　構造改革の推進等のために政府が実施すべき施策に関する基本的な方針
　　３　次条第１項に規定する構造改革特別区域計画の認定に関する基本的な事項
　　４　構造改革の推進等に関し政府が講ずべき措置についての計画
　　５　前各号に掲げるもののほか、構造改革の推進等のために必要な事項その他経済社会の構造改革の推進及び地域の活性化に関する事項

　３　内閣総理大臣は、政令で定めるところにより、定期的に、新たな規制の特例措置の整備その他の構造改　革の推進等に関し政府が講ずべき新たな措置に係る提案を募集するものとする。

　４　内閣総理大臣は、前項の提案について検討を加え新たな措置を講ずる必要があると認めるとき、又は情　勢の推移により必要が生じたときは、構造改革特別区域基本方針の変更の案を作成し、閣議の決定を求め　なければならない。

　５　内閣総理大臣は、第１項又は前項の規定による閣議の決定があったときは、遅滞なく、構造改革特別区域基本方針を公表しなければならない。

～第３章　構造改革特別区域計画の認定等～

（構造改革特別区域計画の認定）

第４条　地方公共団体は、単独で又は共同して、構造改革特別区域基本方針に即して、当該地方公共団体の区域について、内閣府令で定めるところにより、構造改革特別区域として、教育、物流、研究開発、農業、社会福祉その他の分野における当該区域の活性化を図るための計画（以下「構造改革特別区域計画」という。）を作成し、内閣総理大臣の認定を申請することができる。

　２　構造改革特別区域計画には、次に掲げる事項を定めるものとする。

　　１　構造改革特別区域の範囲及び名称並びに特性
　　２　構造改革特別区域計画の意義及び目標
　　３　構造改革特別区域計画の実施が構造改革特別区域に及ぼす経済的社会的効果
　　４　構造改革特別区域において実施し又はその実施を促進しようとする特定事業の内容、実施主体及び開始の日
　　５　構造改革特別区域において実施し又はその実施を促進しようとする特定事

業ごとの規制の特例措置の内容
　6　前各号に掲げるもののほか、構造改革特別区域計画の実施に関し当該地方公共団体が必要と認める事項
3　地方公共団体は、構造改革特別区域計画の案を作成しようとするときは、前項第4号に掲げる実施主体（以下「実施主体」という。）の意見を聴くとともに、都道府県にあっては関係市町村の意見を聴かなければならない。
4　特定事業を実施しようとする者は、当該特定事業を実施しようとする地域をその区域に含む地方公共団体に対し、当該特定事業をその内容とする構造改革特別区域計画の案の作成についての提案をすることができる。
5　前項の地方公共団体は、同項の提案を踏まえた構造改革特別区域計画の案を作成する必要がないと判断したときは、その旨及びその理由を、当該提案をした者に通知しなければならない。
6　第1項の規定による認定の申請には、第3項の規定により聴いた実施主体及び関係市町村の意見の概要（第4項の提案を踏まえた構造改革特別区域計画についての認定の申請をする場合にあっては、当該意見及び当該提案の概要）を添付しなければならない。
7　地方公共団体は、第1項の規定による認定の申請に当たっては、構造改革特別区域において実施し又はその実施を促進しようとする特定事業及びこれに関連する事業に関する規制について規定する法律及び法律に基づく命令（告示を含む。）の規定の解釈について、関係行政機関の長（当該行政機関が合議制の機関である場合にあっては、当該行政機関。以下同じ。）に対し、その確認を求めることができる。この場合において、当該確認を求められた関係行政機関の長は、当該地方公共団体に対し、速やかに回答しなければならない。
8　内閣総理大臣は、第1項の規定による認定の申請があった構造改革特別区域計画が次に掲げる基準に適合すると認めるときは、その認定をするものとする。
　1　構造改革特別区域基本方針に適合するものであること。
　2　当該構造改革特別区域計画の実施が当該構造改革特別区域に対し適切な経済的社会的効果を及ぼすものであること。
　3　円滑かつ確実に実施されると見込まれるものであること。
9　内閣総理大臣は、前項の規定による認定（次項、第11項及び次条において「認定」という。）をしようとするときは、第2項第5号に掲げる事項について関係行政機関の長の同意を得なければならない。この場合において、当該関係行政機関の長は、当該事項が、法律により規定された規制に係るものにあっては第4章で、政令又は主務省令により規定された規制に係るものにあっては構造改革特別区域基本方針に即して政令又は主務省令で、それぞれ定めるところ

に適合すると認められるときは、同意をするものとする。
10　認定を受けた構造改革特別区域計画（以下「認定構造改革特別区域計画」という。）に基づき実施主体が実施する特定事業については、法律により規定された規制に係るものにあっては第4章で、政令又は主務省令により規定された規制に係るものにあっては政令又は主務省令で、それぞれ定めるところにより、規制の特例措置を適用する。
11　内閣総理大臣は、認定をしたときは、遅滞なく、その旨を公示しなければならない。

（認定に関する処理期間）
第5条　内閣総理大臣は、認定の申請を受理した日から3月以内において速やかに、認定に関する処分を行わなければならない。
　2　関係行政機関の長は、内閣総理大臣が前項の処理期間中に認定に関する処分を行うことができるよう、速やかに、同意又は不同意の旨を通知しなければならない。

（認定構造改革特別区域計画の変更）
第6条　地方公共団体は、認定構造改革特別区域計画の変更（内閣府令で定める軽微な変更を除く。）をしようとするときは、内閣総理大臣の認定を受けなければならない。
　2　第4条第3項から第11項まで及び前条の規定は、前項の規定による認定構造改革特別区域計画の変更について準用する。

（報告の徴収）
第7条　内閣総理大臣は、第4条第8項の規定による認定（前条第1項の規定による変更の認定を含む。第第32条を除き、以下「認定」という。）を受けた地方公共団体に対し、認定構造改革特別区域計画（前条第1項の規定による認定構造改革特別区域計画の変更の認定があったときは、その変更後のもの。以下同じ。）の実施の状況について報告を求めることができる。
　2　関係行政機関の長は、認定を受けた地方公共団体に対し、認定構造改革特別区域計画に係る規制の特例措置の適用の状況について報告を求めることができる。

（措置の要求）
第8条　内閣総理大臣は、認定構造改革特別区域計画の適正な実施のため必要があると認めるときは、認定を受けた地方公共団体に対し、当該認定構造改革特別区域計画の実施に関し必要な措置を講ずることを求めることができる。
　2　関係行政機関の長は、認定構造改革特別区域計画に係る規制の特例措置の適正な適用のため必要があると認めるときは、認定を受けた地方公共団体に対し、

当該規制の特例措置の適用に関し必要な措置を講ずることを求めることができる。

（認定の取消し）

第9条　内閣総理大臣は、認定構造改革特別区域計画が第4条第8項各号のいずれかに適合しなくなったと認めるときは、その認定を取り消すことができる。この場合において、内閣総理大臣は、関係行政機関の長にその旨を通知しなければならない。

　2　関係行政機関の長は、内閣総理大臣に対し、前項の規定による認定の取消しに関し必要と認める意見を申し出ることができる。

　3　第4条第11項の規定は、前項の規定による認定の取消しについて準用する。

（国の援助等）

第10条　内閣総理大臣及び関係行政機関の長は、認定を受けた地方公共団体に対し、認定構造改革特別区域計画の円滑かつ確実な実施に関し必要な助言その他の援助を行うように努めなければならない。

　2　関係行政機関の長及び関係地方公共団体の長その他の執行機関は、認定構造改革特別区域計画に係る特定事業の実施に関し、法令の規定による許可その他の処分を求められたときは、当該特定事業が円滑かつ迅速に実施されるよう、適切な配慮をするものとする。

　3　前2項に定めるもののほか、内閣総理大臣、関係行政機関の長、地方公共団体及び実施主体は、認定構造改革特別区域計画の円滑かつ確実な実施が促進されるよう、相互に連携を図りながら協力しなければならない。

～第4章　法律の特例に関する措置～

（　略　）

～第5章　構造改革特別区域推進本部～

（設置）

第37条　構造改革の推進等に必要な施策を集中的かつ一体的に実施するため、内閣に、構造改革特別区域推進本部（以下「本部」という。）を置く。

（所掌事務）

第38条　本部は、次に掲げる事務をつかさどる。

　1　構造改革特別区域基本方針の案の作成に関すること。

　2　構造改革特別区域基本方針の実施を推進すること。

　3　前2号に掲げるもののほか、構造改革の推進等に関する施策で重要なものの企画及び立案並びに総合調整に関すること。

（組織）

第39条　本部は、構造改革特別区域推進本部長、構造改革特別区域推進副本部長

及び構造改革特別区域推進本部員をもって組織する。
（構造改革特別区域推進本部長）
第40条　本部の長は、構造改革特別区域推進本部長（以下「本部長」という。）とし、内閣総理大臣をもって充てる。
　2　本部長は、本部の事務を総括し、所部の職員を指揮監督する。
（構造改革特別区域推進副本部長）
第41条　本部に、構造改革特別区域推進副本部長（次項及び次条第2項において「副本部長」という。）を置き、国務大臣をもって充てる。
　2　副本部長は、本部長の職務を助ける。
（構造改革特別区域推進本部員）
第42条　本部に、構造改革特別区域推進本部員（次項において「本部員」という。）を置く。
　2　本部員は、本部長及び副本部長以外のすべての国務大臣をもって充てる。
（資料の提出その他の協力）
第43条　本部は、その所掌事務を遂行するため必要があると認めるときは、国の行政機関、地方公共団体、独立行政法人（独立行政法人通則法（平成11年法律第103号）第2条第1項に規定する独立行政法人をいう。）及び地方独立行政法人（地方独立行政法人法（平成15年法律第118号）第2条第1項に規定する地方独立行政法人をいう。）の長並びに特殊法人（法律により直接に設立された法人又は特別の法律により特別の設立行為をもって設立された法人であって、総務省設置法（平成11年法律第91号）第4条第15号の規定の適用を受けるものをいう。）の代表者に対して、資料の提出、意見の表明、説明その他必要な協力を求めることができる。
　2　本部は、その所掌事務を遂行するため特に必要があると認めるときは、前項に規定する者以外の者に対しても、必要な協力を依頼することができる。
（事務）
第44条　本部に関する事務は、内閣官房において処理し、命を受けて内閣官房副長官補が掌理する。
（主任の大臣）
第45条　本部に係る事項については、内閣法（昭和22年法律第5号）にいう主任の大臣は、内閣総理大臣とする。
（政令への委任）
第46条　この法律に定めるもののほか、本部に関し必要な事項は、政令で定める。

〜第6章　雑則〜

（規制の特例措置の見直し）

第47条　関係行政機関の長は、規制の特例措置の適用の状況について、定期的に調査を行うとともに、その結果について、本部に報告しなければならない。

　2　関係行政機関の長は、前項の調査の結果及び地方公共団体その他の関係者の意見を踏まえ、必要な措置を講ずるものとする。

（主務省令）

第48条　この法律における主務省令は、当該規制について規定する法律及び法律に基づく命令（人事院規則、公正取引委員会規則、国家公安委員会規則、公害等調整委員会規則、公安審査委員会規則、中央労働委員会規則及び船員中央労働委員会規則を除く。）を所管する内閣府又は各省の内閣府令（告示を含む。）又は省令（告示を含む。）とする。ただし、人事院、公正取引委員会、国家公安委員会、公害等調整委員会、公安審査委員会、中央労働委員会又は船員労働委員会の所管に係る規制については、それぞれ人事院規則、公正取引委員会規則、国家公安委員会規則、公害等調整委員会規則、公安審査委員会規則、中央労働委員会規則又は船員中央労働委員会規則とする。

（命令への委任）

第49条　この法律に定めるもののほか、この法律の実施に関し必要な事項は、命令で定める。

附　則

（施行期日）

第1条　この法律は、公布の日から施行する。ただし、次の各号に掲げる規定は、当該各号に定める日から施行する。

　1　第3章及び第4章の規定　平成15年4月1日

　2　附則第6条の規定　平成16年1月1日

（検討）

第2条　政府は、この法律の施行後5年以内に、この法律の施行の状況について検討を加え、その結果に基づいて必要な措置を講ずるものとする。

（提案を募集する期限）

第3条　第3条第3項の募集は、平成24年3月31日までの間、行うものとする。

（構造改革特別区域計画の認定を申請する期限）

第4条　第4条第1項の申請は、平成24年3月31日までに限り行うことができる。

（訓令又は通達に関する措置）

第5条　関係行政機関の長が発する訓令又は通達のうち構造改革特別区域に関するものについては、経済社会の構造改革の推進及び地域の活性化の必要性にかんがみ、この法律の規定に準じて、必要な措置を講ずるものとする。

（経過措置）
第6条　この法律の施行に関し必要な経過措置（罰則に関する経過措置を含む。）は、政令で定める。
（中略）

附　則（平成19年3月31日法律第14号）
（施行期日）
1　この法律は、公布の日から施行する。ただし、次の各号に掲げる規定は、当該各号に定める日から施行する。
　1　第10条の改正規定＝公布の日から起算して1月を経過した日
　2　第3条の改正規定及び附則第2条の次に2条を加える改正規定（附則第3条を加える部分に限る。）＝公布の日から起算して6月を超えない範囲内において政令で定める日
　3・4　（略）
（検討）
2　政府は、この法律の施行後5年以内に、この法律による改正後の構造改革特別区域法の施行の状況について検討を加え、その結果に基づいて必要な措置を講ずるものとする。

（以下、略）

地域再生法

平成17（2005）年4月1日法律第24号
一部改正　平成19（2007）年3月31日法律第15号

～第1章　総則～

（目的）
第1条　この法律は、近年における急速な少子高齢化の進展、産業構造の変化等の社会経済情勢の変化に対応して、地方公共団体が行う自主的かつ自立的な取組による地域経済の活性化、地域における雇用機会の創出その他の地域の活力の再生（以下「地域再生」という。）を総合的かつ効果的に推進するため、その基本理念、政府による地域再生基本方針の策定、地方公共団体による地域再生計画の作成及びその内閣総理大臣による認定、当該認定を受けた地域再生計画に基づく事業に

対する特別の措置並びに地域再生本部の設置について定め、もって個性豊かで活力に満ちた地域社会を実現し、国民経済の健全な発展及び国民生活の向上に寄与することを目的とする。
（基本理念）
第２条　地域再生の推進は、地域における創意工夫を生かしつつ、潤いのある豊かな生活環境を創造し、地域の住民が誇りと愛着を持つことのできる住みよい地域社会の実現を図ることを基本とし、地域における地理的及び自然的特性、文化的所産並びに多様な人材の創造力を最大限に活用した事業活動の活性化を図ることにより魅力ある就業の機会を創出するとともに、地域の特性に応じた経済基盤の強化及び快適で魅力ある生活環境の整備を総合的かつ効果的に行うことを旨として、行われなければならない。
（国の責務）
第３条　国は、前条に規定する基本理念にのっとり、地方公共団体の自主性及び自立性を尊重しつつ、地域再生に関する施策を総合的に策定し、及び実施する責務を有する。

～第２章　地域再生基本方針～

第４条　政府は、地域再生に関する施策の総合的かつ効果的な推進を図るための基本的な方針（以下「地域再生基本方針」という。）を定めなければならない。
　２　地域再生基本方針には、次に掲げる事項を定めるものとする。
　　１　地域再生の意義及び目標に関する事項
　　２　地域再生のために政府が実施すべき施策に関する基本的な方針
　　３　次条第１項に規定する地域再生計画の同条第６項の認定に関する基本的な事項
　　４　前各号に掲げるもののほか、地域再生の推進のために必要な事項
　３　内閣総理大臣は、地域再生本部が作成した地域再生基本方針の案について閣議の決定を求めなければならない。
　４　内閣総理大臣は、前項の規定による閣議の決定があったときは、遅滞なく、地域再生基本方針を公表しなければならない。
　５　政府は、情勢の推移により必要が生じたときは、地域再生基本方針を変更しなければならない。
　６　第３項及び第４項の規定は、前項の地域再生基本方針の変更について準用する。

～第３章　地域再生計画の認定等～

（地域再生計画の認定）
第５条　地方公共団体（都道府県、市町村（特別区を含む。）又は地方自治法（昭

和22年法律第67号）第284条第1項の一部事務組合若しくは広域連合をいい、港湾法（昭和25年法律第218号）第4条第1項の規定による港務局を含む。以下同じ。）は、地域再生基本方針に基づき、内閣府令で定めるところにより、地域再生を図るための計画（以下「地域再生計画」という。）を作成し、内閣総理大臣の認定を申請することができる。
2 　地域再生計画には、次に掲げる事項を記載するものとする。
　1 　地域再生計画の区域
　2 　地域再生計画の目標
　3 　前号の目標を達成するために行う事業に関する事項
　4 　計画期間
　5 　その他内閣府令で定める事項
　6 　前各号に掲げるもののほか、地域再生計画の実施に関し当該地方公共団体が必要と認める事項
3 　前項第3号に掲げる事項には、次に掲げる事項を記載することができる。
　1 　地域における雇用機会の創出その他地域再生に資する経済的社会的効果を及ぼすものとして内閣府令で定める事業であって株式会社により行われるものに関する事項
　2 　地域において高年齢者、障害者その他の就職が困難な者（第14条において「高年齢者等」という。）を雇用することを通じて当該地域における雇用機会の創出その他地域再生に資する経済的社会的効果を及ぼすものとして内閣府令で定める事業であって会社により行われるものに関する事項
　3 　地域において高年齢者、障害者、安定した職業に就くことが困難な状況にある青年、妊娠、出産若しくは育児を理由として休業若しくは退職をした女性その他のその有する能力を社会において有効に発揮することが困難な状況にある者に係る募集方法の改善、職域の拡大、雇用形態の改善その他の雇用管理の改善を行う事業主又は地域においてこれらの者に対して職業能力の開発及び向上若しくは当該困難な状況を改善するための助言その他の援助を行う特定非営利活動促進法（平成10年法律第7号）第2条第2項に規定する特定非営利活動法人その他の者に対して助成を行う事業のうち、当該地域における雇用機会の創出その他地域再生に資する経済的社会的効果を及ぼすものとして内閣府令で定める事業であって民法（明治29年法律第89号）第34条の規定により設立された法人（第19条第1項において「公益法人」という。）により行われるものに関する事項
　4 　地域における経済基盤の強化又は生活環境の整備のために行う次に掲げる事業に関する事項

イ　地域における交通の円滑化及び産業の振興を図るために行われる道路、農道又は林道の2以上を総合的に整備する事業
　　　ロ　地域の人々の生活環境を改善するために行われる下水道、集落排水施設又は浄化槽の2以上を総合的に整備する事業
　　　ハ　地域における海上輸送及び水産業を通じて地域経済の振興を図るために行われる港湾施設及び漁港施設を総合的に整備する事業
　　5　地域における福祉、文化その他の地域再生に資する事業活動の基盤を充実するため、補助金等交付財産（補助金等に係る予算の執行の適正化に関する法律（昭和30年法律第179号）第22条に規定する財産をいう。）を当該補助金等交付財産に充てられた補助金等（同法第2条第1項に規定する補助金等をいう。）の交付の目的以外の目的に使用し、譲渡し、交換し、貸し付け、又は担保に供することにより行う事業に関する事項
　4　地方公共団体は、地域再生計画を作成しようとする場合において、第12条第1項の地域再生協議会が組織されているときは、当該地域再生計画に記載する事項について当該地域再生協議会における協議をしなければならない。
　5　前項の規定により地域再生協議会における協議をしたときは、第1項の規定による認定の申請には、当該協議の概要を添付しなければならない。
　6　内閣総理大臣は、第1項の規定による認定の申請があった地域再生計画が次に掲げる基準に適合すると認めるときは、その認定をするものとする。
　　1　地域再生基本方針に適合するものであること。
　　2　当該地域再生計画の実施が当該地域における地域再生の実現に相当程度寄与するものであると認められること。
　　3　円滑かつ確実に実施されると見込まれるものであること。
　7　内閣総理大臣は、前項の認定を行うに際し必要と認めるときは、地域再生本部に対し、意見を求めることができる。
　8　内閣総理大臣は、地域再生計画に第3項各号に掲げる事項が記載されている場合において、第6項の認定をしようとするときは、当該事項に係る関係行政機関の長（以下単に「関係行政機関の長」という。）の同意を得なければならない。
　9　内閣総理大臣は、第6項の認定をしたときは、遅滞なく、その旨を公示しなければならない。
（認定に関する処理期間）
第6条　内閣総理大臣は、前条第1項の規定による認定の申請を受理した日から3月以内において速やかに、同条第6項の認定に関する処分を行わなければならない。

2　関係行政機関の長は、内閣総理大臣が前項の処理期間中に前条第6項の認定に関する処分を行うことができるよう、速やかに、同条第8項の同意について同意又は不同意の旨を通知しなければならない。
　（認定地域再生計画の変更）
第7条　地方公共団体は、第5条第6項の認定を受けた地域再生計画（以下「認定地域再生計画」という。）の変更（内閣府令で定める軽微な変更を除く。）をしようとするときは、内閣総理大臣の認定を受けなければならない。
　2　第5条第4項から第9項まで及び前条の規定は、前項の認定地域再生計画の変更について準用する。
　（報告の徴収）
第8条　内閣総理大臣は、第5条第6項の認定（前条第1項の変更の認定を含む。）を受けた地方公共団体（以下「認定地方公共団体」という。）に対し、認定地域再生計画（認定地域再生計画の変更があったときは、その変更後のもの。以下同じ。）の実施の状況について報告を求めることができる。
　2　関係行政機関の長は、認定地域再生計画に第5条第3項各号に掲げる事項が記載されている場合には、認定地方公共団体に対し、同項各号に規定する事業の実施の状況について報告を求めることができる。
　（措置の要求）
第9条　内閣総理大臣又は関係行政機関の長は、認定地域再生計画に第5条第3項各号に掲げる事項が記載されている場合において、同項各号に規定する事業の適正な実施のため必要があると認めるときは、認定地方公共団体に対し、当該事業の実施に関し必要な措置を講ずることを求めることができる。
　（認定の取消し）
第10条　内閣総理大臣は、認定地域再生計画が第5条第6項各号のいずれかに適合しなくなったと認めるときは、その認定を取り消すことができる。この場合において、当該認定地域再生計画に同条第3項各号に掲げる事項が記載されているときは、内閣総理大臣は、あらかじめ、関係行政機関の長にその旨を通知しなければならない。
　2　前項の通知を受けた関係行政機関の長は、同項の規定による認定の取消しに関し、内閣総理大臣に意見を述べることができる。
　3　前項に規定する場合のほか、関係行政機関の長は、認定地域再生計画に第5条第3項各号に掲げる事項が記載されている場合には、第1項の規定による認定の取消しに関し、内閣総理大臣に意見を述べることができる。
　4　第5条第9項の規定は、第1項の規定による認定の取消しについて準用する。
　（認定地方公共団体への援助等）

第11条　認定地方公共団体は、地域再生本部に対し、認定地域再生計画の実施を通じて得られた知見に基づき、当該認定地域再生計画の円滑かつ確実な実施が促進されるよう、政府の地域再生に関する施策の改善についての提案をすることができる。
　2　地域再生本部は、前項の提案について検討を加え、遅滞なく、その結果を当該認定地方公共団体に通知するとともに、インターネットの利用その他適切な方法により公表しなければならない。
　3　国は、認定地方公共団体に対し、当該認定地域再生計画の円滑かつ確実な実施に関し必要な情報の提供、助言その他の援助を行うように努めなければならない。
　4　前3項に定めるもののほか、国及び認定地方公共団体は、当該認定地域再生計画の円滑かつ確実な実施が促進されるよう、相互に連携を図りながら協力しなければならない。

〜第4章　地域再生協議会〜

第12条　地方公共団体は、第5条第1項の規定により作成しようとする地域再生計画並びに認定地域再生計画及びその実施に関し必要な事項その他地域再生の総合的かつ効果的な推進に関し必要な事項について協議するため、地域再生協議会（以下この条において「協議会」という。）を組織することができる。
　2　協議会は、次に掲げる者をもって構成する。
　　1　前項の地方公共団体
　　2　第5条第2項第3号に規定する事業を実施し、又は実施すると見込まれる者
　3　第1項の規定により協議会を組織する地方公共団体は、必要があると認めるときは、前項各号に掲げる者のほか、協議会に、次に掲げる者を構成員として加えることができる。
　　1　当該地方公共団体が作成しようとする地域再生計画又は認定地域再生計画及びその実施に関し密接な関係を有する者
　　2　その他当該地方公共団体が必要と認める者
　4　地方公共団体は、前項の規定により協議会の構成員を加えるに当たっては、協議会の構成員の構成が、当該地方公共団体が作成しようとする地域再生計画又は認定地域再生計画及びその実施に関する多様な意見が適切に反映されるものとなるよう配慮しなければならない。
　5　第1項の協議を行うための会議において協議が調った事項については、協議会の構成員は、その協議の結果を尊重しなければならない。
　6　前各項に定めるもののほか、協議会の運営に関し必要な事項は、協議会が定

める。

～第5章　認定地域再生計画に基づく事業に対する特別の措置～
第1節　株式の取得に係る課税の特例

第13条　認定地域再生計画に記載されている第5条第3項第1号に規定する事業を行う株式会社であって地域における雇用機会の創出に対する寄与の程度を考慮して内閣府令で定める常時雇用する従業員の数その他の要件に該当するものとして内閣総理大臣が指定するもの（以下この条において「特定地域再生事業会社」という。）により発行される株式を払込みにより個人が取得した場合には、租税特別措置法（昭和32年法律第26号）で定めるところにより、課税の特例の適用があるものとする。

　2　内閣総理大臣は、特定地域再生事業会社が前項に規定する内閣府令で定める要件を欠くに至ったと認めるときは、その指定を取り消すことができる。

　3　特定地域再生事業会社の指定及びその取消しの手続に関し必要な事項は、内閣府令で定める。

第2節　特定地域雇用会社に対する寄附に係る課税の特例

（課税の特例）

第14条　認定地域再生計画に記載されている第5条第3項第2号に規定する事業を行う会社であって地域における雇用機会の創出に対する寄与の程度及び当該事業の適正な実施の確保を考慮して内閣府令で定める常時雇用する高年齢者等の数その他の要件に該当するものとして認定地方公共団体が指定するもの（以下この節において「特定地域雇用会社」という。）に対し、法人が当該指定に係る事業の実施に必要な費用に充てることを目的とする寄附（金銭によるものに限る。）をした場合において、当該寄附について次条第3項の規定による確認がされたときは、租税特別措置法で定めるところにより、当該法人に対する法人税の課税について損金算入の特例の適用があるものとする。

　2　前項の規定による指定は、当該指定に係る事業において特定地域雇用会社が常時雇用すべき高年齢者等の数その他の内閣府令で定める雇用に関し講ずべき措置（以下この節において「高年齢者等雇用確保措置」という。）及び同項の特例の適用がある寄附の総額として当該高年齢者等の数を勘案して内閣府令で定めるところにより算定される額（以下この節において「特例対象総額」という。）を明らかにしてするものとする。

　3　第1項の規定による指定の有効期間は、当該指定の日から起算して2年とする。

　4　第1項の規定による指定は、その有効期間が満了したとき、及び次項の規定により取り消されたときのほか、第10条第1項の規定により第1項の認定地

域再生計画の認定が取り消されたときは、その効力を失う。
5　認定地方公共団体は、特定地域雇用会社が第1項に規定する内閣府令で定める要件を欠くに至ったと認めるとき、又は第17条の規定による命令に違反したときは、その指定を取り消すことができる。
6　認定地方公共団体は、第1項の規定による指定をしたときはその旨、高年齢者等雇用確保措置及び特例対象総額並びに当該指定の有効期間を、前項の規定による指定の取消しをしたときはその旨を、遅滞なく、公表しなければならない。
7　特定地域雇用会社の指定及びその取消しの手続に関し必要な事項は、内閣府令で定める。

（寄附の報告等）

第15条　特定地域雇用会社は、法人から前条第1項の寄附を受けたとき（内閣府令で定める場合を除く。）は、内閣府令で定めるところにより、当該寄附をした法人の名称及び主たる事務所の所在地並びに当該寄附の金額及び年月日を記載した報告書に内閣府令で定める書面を添付して、これを認定地方公共団体の長に提出しなければならない。
2　認定地方公共団体の長は、前項の規定により提出された報告書若しくはこれに添付すべき書面（以下この条において「報告書等」という。）に不備があり、又はこれらに記載すべき事項の記載が不十分であると認めるときは、当該報告書等を提出した特定地域雇用会社に対して、説明を求め、又は当該報告書等の訂正を命ずることができる。
3　認定地方公共団体の長は、報告書等により、当該報告書等に係る寄附が特例対象総額その他の事項に関して内閣府令で定める要件に該当することを確認したときは、当該報告書等を提出した特定地域雇用会社に対し、その旨を記載した文書を交付しなければならない。

（特定地域雇用会社の義務）

第16条　特定地域雇用会社は、第14条第1項の寄附を受けたときは、当該寄附に係る金銭をその指定に係る事業の実施に必要な費用に充てなければならない。
2　特定地域雇用会社は、内閣府令で定めるところにより、その指定に係る事業の実施の状況を認定地方公共団体に報告しなければならない。

（改善命令）

第17条　認定地方公共団体の長は、特定地域雇用会社が第14条第1項に規定する内閣府令で定める要件を欠くに至ったと認めるとき、又はその行う事業が高年齢者等雇用確保措置の内容に従って実施されていないと認めるときは、当該特定地域雇用会社に対し、その改善のために必要な措置をとるべきことを命ずることが

できる。
　（報告及び検査）
第18条　認定地方公共団体の長は、特定地域雇用会社の指定に係る事業の適正な実施のため必要があると認めるときは、当該特定地域雇用会社に対して報告をさせ、又はその職員に当該特定地域雇用会社の事務所、事業場等に立ち入り、帳簿書類その他の物件を検査させ、若しくは関係者に質問させることができる。
　2　前項の規定により立入検査をする職員は、その身分を示す証明書を携帯し、関係者の請求があったときは、これを提示しなければならない。
　3　第1項の規定による立入検査の権限は、犯罪捜査のために認められたものと解してはならない。
第3節　特定地域雇用等促進法人に対する寄附等に係る課税の特例
（課税の特例）
第19条　認定地域再生計画に記載されている第5条第3項第3号に規定する事業を行うことを主たる目的とする公益法人であって地域における雇用機会の創出に対する寄与の程度及び当該事業の適正な実施の確保を考慮して内閣府令で定める要件に該当するものとして認定地方公共団体が指定するもの（以下この節において「特定地域雇用等促進法人」という。）に対し、個人又は法人が金銭による寄附又は贈与をしたときは、租税特別措置法で定めるところにより、当該個人又は法人に対する所得税、法人税又は相続税の課税について寄附金控除等の特例の適用があるものとする。
　2　前項の規定による指定の有効期間は、当該指定の日から起算して2年とする。
　3　第1項の規定による指定は、その有効期間が満了したとき、及び次項の規定により取り消されたときのほか、第10条第1項の規定により第1項の認定地域再生計画の認定が取り消されたときは、その効力を失う。
　4　認定地方公共団体は、特定地域雇用等促進法人が第1項に規定する内閣府令で定める要件を欠くに至ったと認めるときは、その指定を取り消すことができる。
　5　認定地方公共団体の長は、特定地域雇用等促進法人が第1項に規定する内閣府令で定める要件を満たしているかどうかについて必要な調査をすることができる。
　6　認定地方公共団体は、第1項の規定による指定をしたときはその旨及び当該指定の有効期間を、第4項の規定による指定の取消しをしたときはその旨を、遅滞なく、公表しなければならない。
　7　特定地域雇用等促進法人の指定及びその取消しの手続に関し必要な事項は、内閣府令で定める。

（特定地域雇用等促進法人の報告義務）

第20条　特定地域雇用等促進法人は、内閣府令で定めるところにより、その指定に係る事業の実施の状況を認定地方公共団体に報告しなければならない。

第4節　地域再生基盤強化交付金の交付等

第21条　国は、認定地方公共団体に対し、当該認定地方公共団体の認定地域再生計画に第5条第3項第4号に掲げる事項が記載されている場合において、同号イ、ロ又はハに規定する事業に要する経費に充てるため、政令で定めるところにより、予算の範囲内で、交付金を交付することができる。

2　前項の交付金（以下この条において「地域再生基盤強化交付金」という。）の種類は、次の各号に掲げるとおりとし、それぞれ当該各号に定める施設の整備に充てられるものとする。

1　道整備交付金　道路、農道又は林道であって政令で定めるもの
2　汚水処理施設整備交付金　下水道、集落排水施設又は浄化槽であって政令で定めるもの
3　港整備交付金　港湾施設又は漁港施設であって政令で定めるもの

3　地域再生基盤強化交付金を充てて行う施設の整備に要する費用については、道路法（昭和27年法律第180号）、土地改良法（昭和24年法律第195号）その他の法令の規定に基づく国の負担又は補助は、当該規定にかかわらず、行わないものとする。

4　地域再生基盤強化交付金の交付の事務は、交付金の種類に応じ、政令で定める区分に従って農林水産大臣、国土交通大臣又は環境大臣が行う。

第5節　財産の処分の制限に係る承認の手続の特例

第22条　認定地方公共団体が認定地域再生計画に基づき第5条第3項第5号に規定する事業を行う場合においては、当該認定地方公共団体がその認定を受けたことをもって、補助金等に係る予算の執行の適正化に関する法律第22条に規定する各省各庁の長の承認を受けたものとみなす。

～第6章　地域再生本部～

（設置）

第23条　地域再生に関する施策を総合的かつ効果的に推進するため、内閣に、地域再生本部（以下「本部」という。）を置く。

（所掌事務）

第24条　本部は、次に掲げる事務をつかさどる。

1　地域再生基本方針の案の作成に関すること。
2　認定の申請がなされた地域再生計画についての意見（第5条第7項の規定により内閣総理大臣に対し述べる意見をいう。）に関すること。

3　認定地域再生計画の円滑かつ確実な実施のための施策の総合調整及び支援措置の推進に関すること。
　4　前2号に掲げるもののほか、地域再生基本方針に基づく施策の実施の推進に関すること。
　5　前各号に掲げるもののほか、地域再生に関する施策で重要なものの企画及び立案並びに総合調整に関すること。
（組織）
第25条　本部は、地域再生本部長、地域再生副本部長及び地域再生本部員をもって組織する。
（地域再生本部長）
第26条　本部の長は、地域再生本部長（以下「本部長」という。）とし、内閣総理大臣をもって充てる。
　2　本部長は、本部の事務を総括し、所部の職員を指揮監督する。
（地域再生副本部長）
第27条　本部に、地域再生副本部長（以下「副本部長」という。）を置き、国務大臣をもって充てる。
　2　副本部長は、本部長の職務を助ける。
（地域再生本部員）
第28条　本部に、地域再生本部員（次項において「本部員」という。）を置く。
　2　本部員は、本部長及び副本部長以外のすべての国務大臣をもって充てる。
（資料の提出その他の協力）
第29条　本部は、その所掌事務を遂行するため必要があると認めるときは、国の行政機関、地方公共団体、独立行政法人（独立行政法人通則法（平成11年法律第103号）第2条第1項に規定する独立行政法人をいう。）及び地方独立行政法人（地方独立行政法人法（平成15年法律第118号）第2条第1項に規定する地方独立行政法人をいう。）の長並びに特殊法人（法律により直接に設立された法人又は特別の法律により特別の設立行為をもって設立された法人であって、総務省設置法（平成11年法律第91号）第4条第15号の規定の適用を受けるものをいう。）の代表者に対して、資料の提出、意見の表明、説明その他必要な協力を求めることができる。
　2　本部は、その所掌事務を遂行するため特に必要があると認めるときは、前項に規定する者以外の者に対しても、必要な協力を依頼することができる。
（事務）
第30条　本部に関する事務は、内閣官房において処理し、命を受けて内閣官房副長官補が掌理する。

（主任の大臣）

第31条　本部に係る事項については、内閣法（昭和22年法律第5号）にいう主任の大臣は、内閣総理大臣とする。

（政令への委任）

第32条　この法律に定めるもののほか、本部に関し必要な事項は、政令で定める。

～第7章　罰則～

第33条　次の各号のいずれかに該当する者は、30万円以下の罰金に処する。

1　第15条第1項の規定に違反して、報告書若しくはこれに添付すべき書面を提出せず、又は虚偽の報告書若しくはこれに添付すべき書面を提出した者

2　第15条第2項の規定により求められた説明を拒み、若しくは虚偽の説明をし、又は同項の規定による命令に違反して同項の報告書等の訂正を拒み、若しくはこれらに虚偽の訂正をした者

3　第18条第1項の規定による報告をせず、若しくは虚偽の報告をし、同項の規定による検査を拒み、妨げ、若しくは忌避し、又は同項の規定による質問に対して答弁をせず、若しくは虚偽の答弁をした者

第34条　法人の代表者、代理人、使用人その他の従業者が、その法人の業務に関し、前条の違反行為をしたときは、行為者を罰するほか、その法人に対しても、同条の罰金刑を科する。

附　則　（抄）

1　（略）

（検討）

2　政府は、この法律の施行後7年以内に、この法律の施行の状況について検討を加え、その結果に基づいて必要な措置を講ずるものとする。

附　則（平成19年3月31日法律第15号）　　（略）

●索 引

■あ・か 行■

沖縄振興特別措置法 19
学校運営協議会 49, 52
株式会社による学校設置 47
株式会社の農業参入 52
官民連携 141
規制改革 16, 35, 73, 100
教育委員会の権限 46
教育特区 45
協定 57
協同組織金融機関 152
拠点開発方式 3, 23
クラスター 160
経済財政諮問会議 27, 44, 50, 105, 117
権限移譲 51, 52, 73, 82, 100, 193
構造改革特区 2, 7, 16, 43, 71
コミュニティ・スクール 51
コミュニティ・ビジネス 133, 153

■さ 行■

再チャレンジ支援寄附金税制 117, 135-139
三位一体の改革 44, 103, 111
市場化テスト 35
社会的収益率 179
社会投資ファンド 121, 129, 185
奨励的補助金 5
食料・農業・農村基本法 60
スプリングボード 143
政策決定過程 29
政策提案（制度）2（→提案制度）
政策モデル 35, 100

セーフティネット 143
全国総合開発計画 3, 23
全国展開 18, 62, 71
総合規制改革会議 20, 24, 44, 50
ソーシャル・キャピタル 114

■た・な 行■

大学の地域貢献 170
第三セクター 58, 134
代替措置 34
第二次地方分権改革 81
地域格差 112
地域再生 2, 7, 97-99, 108
地域再生基盤強化交付金 105, 107, 111, 118, 193
地域再生税制 117, 127-135, 186
地域振興立法 23, 119
地域特性 34
地域の大学 10, 159
地域の知の拠点 171
地域密着型金融（リレーションシップバンキング）141-150
地方分権 2, 78, 183
地方分権一括法 1, 79
提案制度 2, 8, 17, 27, 28, 45, 52, 72-76, 109
提案募集 28, 35, 45, 100
道州制特区 35
都市再生特別措置法 19
どぶろく特区 66, 77, 173
認定制度 18
農業生産法人 52, 61

211

■は・ま・ら 行■

パイロット自治体（地方分権特例制度）
　　18, 28
評価制度　18, 72, 76
補助金改革　44, 102, 104-107
補助対象施設の目的外使用　122
まちづくり交付金　103
リース特区　57-65

●執筆者紹介

[監修者]

西村清彦（にしむら・きよひこ）

日本銀行政策委員会審議委員.
1953年生まれ．イェール大学 Ph.D. 東京大学大学院経済学研究科教授をへて現職．主要著書：『日本経済──見えざる構造転換』（日本経済新聞社，2004年），『社会投資ファンド──PFIを超えて』（有斐閣，共編著，同），『経済学のための最適化理論入門』（東京大学出版会，1990年）など多数．

[編者]

御園慎一郎（みその・しんいちろう）

総務省大臣官房審議官・内閣府審議官・北陸先端科学技術大学院大学客員教授．
1953年生まれ．東京大学法学部卒．主要論文：「構造改革特区と地域再生」『地域政策研究』34号（2006年3月）．

大前孝太郎（おおまえ・こうたろう）

慶應義塾大学総合政策学部特別招聘准教授・内閣府政策企画調査官．
1964年生まれ．慶應義塾大学経済学部卒．主要論文：「新しいアプローチによる地域再生の取り組み──地域再生法について」『Business & Economic Review』（日本総合研究所）2005年7月号．

服部敦（はっとり・あつし）

中部大学中部高等学術研究所特任教授・内閣府上席政策調査員．
1967年生まれ．東京大学工学部卒．主要論文：「地域再生の系譜と展開──構造改革特区から地域再生へ」『都市計画』Vol.54, No.6（2005年12月）．

[執筆者]（執筆順）

梶島達也（かじしま・たつや）　農林水産省総合食料局企画課長
佐藤速水（さとう・はやみ）　農林水産省経営局経営政策課長
杉山一弘（すぎやま・かずひろ）　農林水産省農村振興局水利整備課長補佐
井上勉（いのうえ・つとむ）　福島県企画調整部地域づくり領域総括参事
松田宏人（まつだ・ひろと）　日本政策投資銀行プロジェクトファイナンス部参事役
森源二（もり・げんじ）　総務省大臣官房参事官
梅野雄一朗（うめの・ゆういちろう）　財務省大臣官房政策金融課長補佐
小林健典（こばやし・けんすけ）　在タイ日本国大使館一等書記官
舘逸志（たち・いつし）　内閣府経済社会総合研究所景気統計部長
大宮登（おおみや・のぼる）　高崎経済大学地域政策学部教授

地域再生システム論
——「現場からの政策決定」時代へ

2007 年 10 月 17 日　初　版

［検印廃止］

監修者　西村清彦
編　者　御園慎一郎・大前孝太郎・服部敦
発行所　財団法人　東京大学出版会
　　　　代 表 者　岡本和夫
　　　　113-8654　東京都文京区本郷 7-3-1 東大構内
　　　　http://www.utp.or.jp/
　　　　電話 03-3811-8814　Fax 03-3812-6958
　　　　振替 00160-6-59964
印刷所　株式会社精興社
製本所　株式会社島崎製本

Ⓒ 2007 K. Nishimura, S. Misono, K. Omae, A. Hattori, et al.
ISBN 978-4-13-032210-2　Printed in Japan

R〈日本複写権センター委託出版物〉
本書の全部または一部を無断で複写複製（コピー）することは，著作権法上での例外を除き，禁じられています．本書からの複写を希望される場合は，日本複写権センター（03-3401-2382）にご連絡ください．

淡路剛久 監修 寺西・西村 編	地域再生の環境学	A5判 3,500円
堀繁・木田悟 編 薄井充裕	スポーツで地域をつくる	A5判 2,800円

西尾勝編　**行政学叢書**　全12巻　　四六判・平均280頁

1　官庁セクショナリズム　　　今村都南雄　　2,600円
2　財政投融資　　　　　　　　新藤　宗幸　　2,600円
3　自治制度　　　　　　　　　金井　利之　　2,600円
4　官のシステム　　　　　　　大森　彌　　　2,600円
5　地方分権改革　　　　　　　西尾　勝　　　2,600円
6　内閣制度　　　　　　　　　山口　二郎　　2,600円
7　国際援助行政　　　　　　　城山　英明　　2,600円

――以下、続刊

ここに表示された価格は本体価格です．御購入の
際には消費税が加算されますのでご了承ください．